U0962327

名人家风丛书

勤业重群冠中西

——严复与严氏家风

名人家风丛书

勤业重群冠中西

——严复与严氏家风

孙欣 著

中原出版传媒集团
大地传媒

大象出版社
·郑州·

图书在版编目(CIP)数据

勤业重群冠中西：严复与严氏家风／孙欣著.— 郑州：大象出版社，2016.1（2017.11 重印）
（名人家风丛书）
ISBN 978-7-5347-8288-6

Ⅰ.①勤… Ⅱ.①孙… Ⅲ.①家庭道德—中国 ②严复（1853～1921）—家族—史料 Ⅳ.①B823.1 ②K820.9

中国版本图书馆 CIP 数据核字(2015)第 019174 号

名人家风丛书
QINYE CHONG QUN GUAN ZHONGXI
勤业重群冠中西
——严复与严氏家风
孙 欣 著

出 版 人 王刘纯
总 策 划 郑强胜
责任编辑 吴春霞 张迎娟
责任校对 安德华
封面设计 王莉娟
版式设计 王 敏

出版发行 大象出版社(郑州市开元路 16 号 邮政编码 450044)
发行科 0371-63863551 总编室 0371-65597936
网 址 www.daxiang.cn
印 刷 洛阳和众印刷有限公司
经 销 各地新华书店经销
开 本 890mm×1240mm 1/32
印 张 5
字 数 111 千字
版 次 2016 年 1 月第 1 版 2017 年 11 月第 2 次印刷
定 价 20.00 元
若发现印、装质量问题,影响阅读,请与承印厂联系调换。
印厂地址 洛阳市高新区丰华路三号
邮政编码 471003 电话 0379-64606268

总　序

一个人有一个人的气质，一个国家有一个国家的性格。一个家庭在长期的延续过程中，也会形成自己独特的风气。这样一种看不见的风尚习惯、摸不着的精神风貌，以一种隐性的形态存在于特定家庭的日常生活之中，家庭成员的一举手、一投足，无不体现出这样一种习性。这就是家风。

“家风”一词，最早见于西晋著名文学家潘岳的诗中。与潘岳有“双璧”之称的夏侯湛，自恃文才超群，将《诗经》中有目无文的六篇“笙诗”补缀成篇。潘岳为与友人唱和，写作了《家风诗》。在这首诗中，作者通过歌颂祖德、称美自己的家族传统以自勉。

“家风”又称“门风”，这个词语在西晋出现并在随后流行，显然和“士族”“世族”“势族”“大族”“世家大族”成为社会上的统治力量有关。无论是以宗族为根基、以武力为特质的地方豪族，还是以官宦为标志、以文化为表征的名家大姓，他们政治上累世贵显，经济上广占土地，文化上世传家学，垄断了全社会的主要资源。除通过九品中正制和婚姻关系来维护门阀制度之外，他们还自矜门户、标树家风，用以抵御皇权和寒人的侵渔。正因为如此，两晋以后，这个词语渐次流行。从发轫之初，“家风”就往往和“门风”互用。我们可以将它理解为家庭的风气，将它看作一个家庭的传统、一个家庭的文化。

传统作为人类代代相传的行事方式，是从过去延传到现在的事物。没有经过较长时间的过滤和沉淀，就形成不了传统。在《论传统》的作者希尔斯看来，至少要持续三代人，才能成为传统。尽管世代本身的长短不一，但无论是信仰还是行动范式要成为传统，至少需要三代人的两次延传。家风作为特定家庭的传统，是该家庭长时期历史汰选、传统沉淀的结果，是一辈又一辈先人生活的结晶。在历史文献中，“家风”或与“世德”共举，或与“世业”并称，足见家风有别于时尚，而与“世”即很多年代、好几辈子紧密关联。在时间上持续的短暂性是时尚的特征，而家风则是历经延传并持久存在，或者在子孙后代身上一再出现的东西。正是在这个意义上，历史文献中提及“家风”一词，往往蕴含对传统的继承。如比比皆是的“不坠家风”“世守家风”“克绍家风”“世其家风”及“家风克嗣”等，无不体现了这一特点。

有一种观点认为，家风必须是健康的、积极向上的，否则，不能称之为家风。实际上，这只是说者的一种期许、一种渴盼，家风本身并不蕴含这样的意味。否则，“良好家风”就是毫无意义的同义反复。正如“文化”是使民族之间表现出差异性的东西，时时表现着一个民族的自我和特色一样，家风作为家庭的文化和传统，表现的也是一个家庭的气质和风习，反映出一个家庭与其他家庭的不同之处。它完全是一个中性的概念，并不必然具有正面的意义。有的家风可能是勤奋俭朴、为人忠厚、待人有礼，也有的家风可能是狡诈刻薄、游荡为非、跋扈凶横。如同一所学校、一个班级的风习我们称之为学风、班风，而学风有好坏之分，班风有高下之别，并不总是值得弘扬一样，家风同样也有不良的，并不都是传家宝。正因为如此，对家风或门风则就既有称誉，也有贬损。即便是在传统社会，被视为传家久、继世长的，也只有耕读、忠厚、清廉这样一些美好的品质。

的确，家风的特征在前现代、在乡村社会、在大家庭中表现得十分鲜明，格外生动，而在现代城市家庭中却不那么明显。但是，只要一个组织存在，就会有这个组织的文化，特别是这个组织如果有历史的厚重，有传统的积淀，就更是如此。作为家庭的文化，家风是附丽于家庭而存在的，只要有家庭，就会有家风。家风并不必然会因为农村的城市化、大家族被小家庭所取代而丧失，或者说，随着历史的演进，社会情势的变化，家风的具体内容肯定会有变化，但家风仍然会存在。我们可以这样认为，没有家风，本质上也是一种家风。在社会结构和家庭结构都发生了革命性变革的当今社会，人们感叹“家风”的荡然无存，其实是指家庭所秉持的“只耕田，只读书，自然富贵；不欠债，不健讼，何等安宁”这样一些古典原则的式微，是指“耕读两途，读可荣身耕可富；勤俭二字，勤能创业俭能盈”这样一些传统内容的沦落，是“志欲光前，惟是诗书教子；心存裕后，莫如勤俭传家”这样一些旧时理念的散淡，而不是家风本身的消逝。

此外，家风不同于家规。虽然这两个词都与家庭教育相关，但它们有着本质的差异。

家规是家庭或家族中的规矩，是家人所必须遵守的规范或法度，是父祖长辈为后代子孙所制定的立身处世、居家治生的原则和教条。它是借助尊长的权威，加之于子孙族众的又一重道德约束，有的甚至具有法律效力。它有家训、家诫、家仪、家教、家法、家约、家矩、家则、家政、家制等名义，有敬祖宗、睦宗族、教子孙、慎婚嫁、务本业、励勤奋、尚节俭等多方面的内容，是行于口头、针对性强的具体教诫，是见诸家书、目的明确的谆谆训诲，是载诸家谱、可供讽诵的文本规条。家规可以有多种分类，如：根据其表现形式，可以分为教诫活动的家规和文献形式的家规两种；根据内容，则可以分为针对一人一事、起因明确、内容具体、结果显豁的非规范性家规和针对整个人生、涉及方方面面的规范性家规。有的家规，着重家庭子弟的道德修养，教授为人处世要法；有的家规，集中居家治生，以至是祠堂、义庄、学塾等的管理规条。但无论如何，相对于家风，家规一个总的特点是有形的，是可视可见的。

一个家庭的家风有别于这个家庭世代相传的道德准则和处世方法，它是一个家庭的性格特征。虽然它一旦形成，也就成为教化的资源，对家族子弟具有熏染影响、沾溉浸濡的意义，但家风是一种不必刻意教诫或传授，仅仅通过耳濡目染就能获得的精神气质，具有“润物细无声”的作用。历史文献中的“渐渍家风”，就极为生动形象地诠释了这一过程。通俗地说，我们可以把家规看作教化家人的教科书，而家风则是经由长期教化后的结果。

马年春节期间，中央电视台的“家风”系列报道，引起了社会的热烈反响和高度认同。这一报道对于引导人们自觉省思，培植良好的家风，构建和谐的家庭关系，夯实家庭这一社会的堡垒，进而培养全社会的良风美俗，疗治现今社会的乱象，无疑具有积极的意义。正是基于这样一种用心，寻根杂志社主编郑强胜代表大象出版社，约请我主编这套“名人家风丛书”。

由于时间关系，第一辑的十本书都是我的学生编写的，他们有的已经博士毕业，有的还硕士在读，水平不一。尽管我们高度重视这一工作，多次在中心的例会上讨论编写事宜，但由于时间仓促，特别是水平所限，其中肯定会有这样或那样的问题。希望读者诚挚地帮助我们，不吝指教，以便我们把后面的工作做得更好。

北京师范大学国学经典教育研究中心 徐梓

2015年1月

目录

引　言

1921年10月3日夜，福州郎官巷严复府宅。

“咳咳咳”，一阵剧烈的咳嗽声，从严家老爷严复的卧房传来。“依爹（福州话，指父亲）！”闻声赶过来的二女儿严璆紧张地叫道。这年夏天，在鼓山灵源洞避暑时，严复的精神还好，天气渐凉后，严复的气喘病便又发作了，最近咳嗽得越发厉害，服药也不起什么作用。因此，她不能不打起精神，一听到咳嗽声便万分紧张。

严复一边用手抚着胸口，一边朝女儿摆了摆手，示意自己无恙，过了好一会儿，身体终于逐渐平息下来。望着孝顺的女儿一脸担忧的神情，顾不得抹去额头上的汗珠，他勉强笑了笑：“一躺下就难受，罢了，我看会儿书再睡。没事，你去睡吧。”“我陪您。”“不用了，快去睡吧。我一个人还安静。”

支走了女儿，严复凝神望着窗外皎洁的月光。最近咳嗽是越来越频繁了，他稍走两步路，便喘得厉害。“也许，是时候了。”他如是想着，转过头来，信步走向案头。年近七旬、白发苍苍、身体孱弱的老人，即使遭受着病痛的折磨，仍板板正正地端坐在书桌前。他几番提笔，又几次放下。该写些什么呢？回想这一生，失意颇多，积蓄无几，所幸儿女孝顺，家庭和睦。只可惜时日无多，中国的独立与富强，他有生之年恐怕是看不到了。儿女们后面的路，也只能靠他们自己走了。一幕幕往事浮现在眼前，似乎有太多要叮嘱的话，但一时之间又不知该从何说起。种种苦涩、不舍与担忧，一齐涌上心头，使这位以翻译《天演论》而闻名的老人竟一时无从下笔。凝神片刻，他终于提笔疾书，如是写道：

> 民国十年岁次辛酉，十月三日，瘉壄老人喻家人诸儿女知悉：吾自戊午年（民国7年，1918年）以来，肺疾日甚，虽复带病延年，而揆之人理，恐不能久，是以及今尚有精力，勉为身后传家遗嘱如左：非曰无此，汝曹或至于争，但有此一纸亲笔书，他日有所率循而已。汝曹务知此意。吾毕生不贵苟得，故晚年积储，固亦无几，然亦可分。今为汝曹，分俵。……

这里的“瘉壄老人”，指的便是严复自己。他的卧室设在花厅楼上，上面便挂着“瘉壄堂”的横匾。细细看来，我们不禁感叹，严复竟是如此细心周到的一个人。虽说严家门风颇为和睦，但为免日后兄弟相争的不幸之事发生，即使病魔缠身，他也坚持要为儿女们立下一纸凭证，以防后患。

但是，没写几句话，他又开始头晕目眩，心跳加速，几欲晕倒，搁笔伏案良久，苍白的脸上才有了一丝血色。没多少时间了！他必须趁着体力尚可时，将此生成败得失之经验，以及最后的嘱托告诉子孙。于是，他握了握笔，继续奋笔疾书：

嗟嗟！吾受生严氏，天秉至高。徒以中年悠忽，一误再误，致所成就，不过如此，其负天地父母生成之德，至矣。耳顺以后，生老病死，倏然相随而来，故本吾自阅历，赠言汝等，其谛听之。

须知中国不灭，旧法可损益，必不可叛；

须知人要乐生，以身体健康为第一要义；

须勤于所业，知光阴、时日、机会之不复更来；

须勤思，而加条理；

须学问，增知能，知做人分量，不易圆满；

事遇群己对待之时，须念己轻群重，更切毋造孽。

审能如是，自能安平度世。即不富贵，亦当不贫贱。贫贱诚苦，吾亦不欲汝曹傲之也。余则前哲嘉言懿行，载在典策，可自择之，吾不能觌缕尔。

这位一生心系国家、民族命运的老人在遗训中仍将国家之事排于第一位。他不是要儿女们固守中国旧法而不知变通，而是要他们记得中国人当以中华传统文化和礼仪规范为根本。在他眼中，根本之法不容动摇。他一生为鸦片所惑，为哮喘、肺病所累，深知健康的重要性，因此，他要儿女们谨记身体健康乃人生第一要义。他一生勤于学习与思考，译著颇丰，深知学习的重要性。因此，他要子女惜取少年时，勤业勤思。他一生追求仕途，但始终不得志，郁郁寡欢，到了晚年才深谙中庸之道，明白是非成败转头空的道理。因此，他不要子孙追求大富大贵之类虚幻的圆满，但求一份平安。他一生奉公爱国，为民族、为国家的命运而殚精竭虑，苦思良策。他曾以教育救国为己任，无论是在天津北洋水师学堂，还是后来在复旦公学和安徽高等学堂任职，都一直过着东奔西跑却无怨无悔的日子，直至晚年，才回归故土。他主办《国闻报》和《国闻汇编》，以宣传变法维新；他热衷于翻译事业，系统地将西方政治学、社会学、经济学、哲学等经典之作引入中国，希望借此打开中国人的眼界。他所翻译的《天演论》《原富》《群学肄言》《群己权界论》等著作在当时影响颇大，尤其是《天演论》中“物竞天择，适者生存”的理论震撼人心。他殷切希望自己的子孙后代永远记得以国家为先，以群体为重。

这是他留给子孙后代的最后嘱咐。但是，关于如何读书勤业，如何治家传世，如何做人卫国，却并非他首次提及。在生活处世中，在封封家书中，严复不时以言传身教影响着自己的孩子和阳岐严氏家族成员。

据严复的长子严璩（字伯玉）所言，严家始祖严怀英，曾任唐朝末年朝议大夫，最早随王潮由河南固始迁到福州侯官阳岐，自此世居于此。高祖严焕然是清朝嘉庆庚午（1810年）举人，曾担任松溪县学训导。自曾祖严秉符开始，严家以行医为业。严复的父亲严振先亦是当地有名的儒医，而严复（谱名严传初）则走上了教育的道路。他既是严氏家族“传”字辈的佼佼者，又逐渐成为严氏家族的核心。许多严氏子弟受到他的影响，走出福州，走进天津北洋水师学堂等新式学堂，毕业后成为中国海防线上的优秀将领或教育人才。他们有的还走出国门，留学欧美，为中外文化交流架起一座座桥梁，或是留学归国，为羸弱的中国带来了新的理念和技术。严氏家族人才辈出，群星璀璨，既有名留青史的爱国将领，又有睿智博学的两院院士，还有默默耕耘的教育专家；既有留守祖国大陆，参与国家建设的严家子弟，又有远在他乡，关心国家发展的严家儿女。

如果说血脉是维系严氏家族瓜瓞绵延的纽带，那么，严氏家训与家风则是沉淀在严家子弟血液中的文化基因，是拓宽严氏家族成员生命广度和深度的基石。如果说一家之门风的缔造与传承，需要历代家族成员共同付出努力，那么严复的言传身教无疑是其中最为重要的一环。如果只能用一个词来概括严氏家风，我会毫不犹豫地选择“爱国”这个词。一代又一代，严家人的血液里始终涌动着不变的忧患意识和爱国情怀，实在可敬可佩。如果可以换一句话来形容，那便是“勤业重群冠中西”。勤学勤思、敬业乐生、学贯中西、爱国奉公始终是严家子孙共同拥有和遵守的人生态度和处世原则。让我们一起走进一百年前严复的世界，领会阳岐严氏家训的智慧，感受严氏子孙的热情。

第一章

勤学敬业，学贯中西

严　复

第一节 自强不息：寒门弟子的漫漫求学之路

1866年是严复人生中第一个重要的转折点。这一年，严复12岁，年初刚刚娶妻成家，开启了从男孩儿向男人转变的历程。也许命运希望严复尽快成为一个更为成熟的男人，因此和他开了一个悲惨的玩笑。7月，福州一场突如其来的霍乱夺去了疼爱他的父亲的生命。

如果严父振先一直健在，也许严复会按部就班地遵循着传统世俗，努力通过科举博取功名，由此光宗耀祖，了此余生。1866年之前，在父亲的引导下，严复7岁入私塾，曾跟随胞叔厚甫等几位地方耆宿读书。严厚甫是光绪己卯（1879年）举人，他采用《大学》《中庸》等儒家经典为教育文本，教授方法不佳，而且惯常摆着一副冷面孔。幼小的严复并不喜欢这位老师。

后来，严振先因医术结识当地名儒黄少岩（字昌彝），便让儿子在10岁那年转而拜入黄少岩门下。黄夫子学术功底扎实，为学汉宋并重，又著有《闽方言》等书，课经之余，常常喜欢为学生讲述明代东林掌故。他教学极其认真严格，教学方法也别具一格。当时黄少岩与他人同住一屋，居于楼上，每遇楼下谢神演戏，便要求学生们更衣就寝，等戏剧散场，锣鼓声歇，又命学生们起床挑灯夜读。当时一些人抽鸦片，黄夫子亦有抽大烟以镇腰酸腿痛的习惯，面对学生也不避讳，常常一管烟枪在手，斜倚床榻，吞云吐雾。于是，在黄家常常可见这样的场景：幼年的严复端坐一把小椅子，贴近烟榻，在烟雾缭绕中聚精会神地聆听黄夫子讲述宋明学案。不知是不是受幼年时恩师的影响，严复成年后也有“烟霞癖”（指抽鸦片的癖好），而且烟瘾很大，戒之不得，此为题外话。只可惜，师生之间的缘分太浅。这位深得严复敬重和喜爱的老师，两年后便匆匆离开了人世，令严复哀恸不已。黄先生临终前，推荐其子黄孟侑继续担任严复的老师。严复得以在黄门继续学业，直至严父去世，家道中落，无力延师。但是，在黄门受业的两三年间，在黄少岩父子的调教下，天资聪颖的严复发奋读书，为之后的学术研究打下了基础。

严父的离世不仅中断了严复在私塾的学业，而且打碎了严复通过科举跻身仕途的美梦，更使孤儿寡母的生活陷入窘境。迫于生计，一家人离开了苍霞洲的寓所，回到阳岐的祖屋。严复的叔父们同意腾出两间杂物房给其一家人居住。严复夫妇一间，其母亲和妹妹一间。据严复的孙女严停云在《吾祖严复的一生》一文中所言，严复实际是长房秉符公的孙子，理应住在正屋。当时也有一些亲戚朋友为之打抱不平，但是严复坚决不肯因自己的原因，而将已经居住在正屋的亲戚赶出去，只觉得有铺位能让一家人安歇，有书桌可以让自己读书写字便已足矣。

自此，严复一家便靠着母亲和妻子王氏的辛勤劳作，以缝纫、绣花所得度日，常常食不果腹，早餐有时只是几尾福州当地的鲭仔鱼（一种腌制的小咸鱼）。那些艰苦的年少往事，一直深深地埋在严复的心中。其晚年为周养庵的《篝灯纺织图》题诗时，情动而辞发："我生十四龄，阿父即见背。家贫有质券，赙钱不充债。陟岗则无兄，同谷歌有妹。慈母于此时，十指作耕耒。上掩先人骸，下养儿女大。富贵生死间，饱阅亲知态。门户支已难，往往遭无赖。五更寡妇哭，闻者隳心肺。"忧伤的记忆可见一斑。

作为家里唯一的男丁，其小小的脊梁承担着全家人的希望。母亲、妻子，以及两个年幼的妹妹，都指望着严复有朝一日出人头地。上天还是很眷顾严复的,几个月后，严复的求学之路有了转机。

还是这一年的冬天，福州马尾船厂附设的船政学堂面向社会招生。学堂章程里规定的待遇令许多贫家子弟心动。学堂不仅免除学生所有伙食费，而且每月给予学生四两纹银的补贴。此外，每三个月的考试中，名列一等者，另给十元赏银。学生只要学满五年，毕业后便可在政府部门谋一份差使，由政府比照外国人支付薪酬。这种免费、奖励及推荐就业的政策，与今天有的职业院校为招徕学生而开出的优厚条件如出一辙。当时绝大多数家庭仍以科举为正途，对此类洋务事业不仅不甚了解，而且抱以怀疑、敌视的态度。但是，对于严复一家人而言，这无疑是一个绝处逢生的机会。一家人一商量，便决定给严复报名，但麻烦事又来了。

在严复幼年时代，即便是福州船政学堂这种几乎全部以贫家子弟为生源的新式学堂也要求报考者必须祖上清白且有绅商担保，否则不予考虑。这简直比今天报考研究生时需要专家推荐信的条件还要严苛。而严复只不过是出身贫微的一个穷小子，哪曾结交过什么官商？只有他的胞叔严厚甫当时在地方上颇有声望，但其性格孤僻，找他担保恐非易事。即使如此，母子二人也决定试一试。这个视新式学堂为异类的儒生果然坚决不肯为严复作保。有人说他是怕惹祸上身，因此才不顾侄子的生计和前途。不过，我更愿意相信，拥有同一血脉的族亲，尚不至于因胆怯而无情至此。毕竟在19世纪绝大多数文人的眼中，尤其是已经有了功名的文人眼中，考新式学堂属于步入歧途。也许，这位胞叔还是希望以科举正途引导严复。

无论如何，严厚甫决绝的态度使严复一家顿感悲怆。好不容易盼来的机会难道就这么放弃吗？此时，严氏族亲有人献计：既然你们和严厚甫乃三代直系，祖宗相同，不妨先瞒着他，自行填写他的功名经历，以及祖宗三代名讳、职业，再想法加盖他的私印。等学堂对保查询时，他也不好意思当着族人的面否认。这就像黑暗中的一线曙光，给予严复再次拼搏的勇气和希望。为了能够报考福州船政学堂，严复唯有放手一搏，铤而走险。但是，此事终被叔父察觉，使之怒火中烧。他不仅破口大骂，而且扬言要据实禀告学堂，退回担保，直至严复母子跪地恳求，他才勉强答应放过严复一马。至此，严复才真正具有了报考福州船政学堂的资格，真可谓一波三折。

不过，在入学考试及之后的求学之路中，严复可谓一路坦途。入学考试的题目是“大孝终身慕父母论”，由当时正处于丁忧的主考官沈葆桢所出。念及刚刚过世的父亲和含辛茹苦的母亲，严复悲从中来，将深深的思念和感情化于笔端。文章一气呵成，感人肺腑，深得沈葆桢赞赏。严复也凭借此文拔得头筹，自此正式走上了学习“西学”的道路，成为一名驾驶专业的学堂生。

在福州船政学堂学习的五年，是严复知识结构和思想观念变革的重要时期。在中国传统四民社会中，从旧学塾走出的传统士人的知识结构主要是“经、史、子、集”四部之学。他们以诵儒经、熟八股为手段，以参加科举、考取功名为奋斗目标，而视“生、光、化、电”等自然科学为奇技淫巧之小慧。在西学东渐的进程中，旧文人知识结构的缺陷致使其视野狭窄，目光短浅，对中西二学的评价亦有失偏颇，进而盲目排外，拒绝新知。新式学堂则是孕育中国新型知识分子的摇篮。虽然福州船政学堂也有“读经明理”的要求，但是主要以英国教育为蓝本，开设西学课程。所设置的英语、算术、几何、代数、解析几何、动静重（力）学、电磁学、光学、热学、化学、地质学、天文学、航海术等语言和自然科学课程，以及航海训练等实践活动，为严复打开了一扇通往西学新知和西方文化的窗户，也为其日后出国留学打下了基础。

家有家训、家风，校有校规、校风。对于严复而言，母校的影响已经深入血液，成为他青春美好的记忆和思想精神的支柱。在严复晚年的回忆中，福州船政学堂是温暖的，记录着他青春岁月洒下的辛勤汗水。刚入学时，校舍尚未建成，学堂便借了城南定光寺的房舍作为教室。他清晰地记得，在古刹暮鼓声中，他曾漫步校园，手捧书册，如和尚念经般反反复复诵读英语。这份独处的宁静隔离了尘世的喧哗，洗涤着内心的浮躁，真是别有一番滋味。

时光荏苒，五年的光阴转瞬即逝，依靠勤奋扎实的求学态度，严复的成绩一直名列前茅，是福州船政学堂名副其实的优等生。1871年毕业后，严复与刘步蟾等同学被派往“建威”舰实习，随舰赴厦门、香港、槟榔屿、直隶湾、辽东半岛等地，学习测量太阳、星座的位置，驾驶军舰等技能。俗话说：“读万卷书，行万里路。”远离故土的实习生活，使这个之前从未走出福州的青年第一次见识了外面的世界。

一年以后，严复被调到“扬武”舰，跟随英国教习德勒赛(Captain Tracey)正式开始了军舰上的工作生涯。不同于其他军舰，“扬武”舰是中国人自己打造的军舰，对清朝海军的意义非同一般。在几年的相处中，严复的学识与专业技能得到了德勒赛的认可和赞扬。从某种意义上而言，德勒赛乃严复求学道路上的实践导师。严复曾跟随着德勒赛，驾驶着“扬武”舰远赴日本。当时，中日两国几乎同一时期办海军，因此，当“扬武”舰抵达日本长崎、横滨军港时，万名日本人竞相参观。想来该是何等的意气风发！可惜，在20年后的那场较量中，中国海军惨败，北洋水师全军覆没，此为后话。德勒赛还是严复治学的精神导师。他在回国前特意叮嘱严复，学无止境，新知无穷，对新知的追求不可因毕业而终止，在未来的求学道路上，当自勉自励，不能骄傲自满。拿中国的古训来说，求学与做人相同，“满招损，谦受益”。道理人人懂，但并非人人能做到。严复却将之铭记终身，以身践行。这个兼具教育家、翻译家、编辑家等多重身份的新型知识分子，实际上一直在以自己的方式不断思考和探索着中国的命运和出路。

1876年是严复求学之路的又一个转折点。在北洋大臣李鸿章和南洋大臣沈葆桢联名奏请之下，清政府同意从福州船政学堂选派学生赴法、英两国学习造船和驾驶技术。因学习驾驶的名额空缺，便从已经毕业的学生中增补，严复因成绩优异名列其中。1877年初，在清廷的安排下，严复一行正式驶离福州，从香港绕道南海、新加坡，穿马六甲海峡，经印度洋、红海、苏伊士运河，辗转进入地中海。严复被安排到英国格林威治皇家海军学院驾驶专业学习，正式开始了异国求学之路。

这批留欧学生与中国最早的官费留学生——留美幼童的出国时间相差无几，但是命运却截然不同。由中国最早的留学生——容闳倡议，在曾国藩、李鸿章的支持下，清政府于1872年至1875年，先后派出四批共120名学生赴美国留学，欲使之在美国学习15年后回国效力。这批学生平均年龄12岁，他们被送往美国的家庭，跟当地的美国人一起生活。除了按时接受中国教习的训教，诵读“四书”“五经”等儒家经典，他们还被安排进入美国的学校，接受西方的教育。在异国他乡的生活中，这批年幼的孩子不仅广泛涉猎西方自然科学知识，而且深受异域文化的熏陶。他们逐渐认同民主与自由，而厌烦繁文缛节。他们常常以美式打扮，并积极参加各种体育运动，有的索性剪掉了辫子，有的则信奉了基督教。这些成绩优异、彬彬有礼的中国男孩吸引着当地的美国女孩，情窦初开的他们瞒着中国教习偷偷和女孩们约会。当这些行为举止传到国内后，他们被冠以“出洋之后不知自好”的罪名。1881年，他们被电召回国，其中仅詹天佑和欧阳庚二人顺利完成大学学业，幼童留美计划就此宣告夭折。

从1873年沈葆桢提议，到1877年初严复一行正式赴欧留学，再到1879年严复学成归国，这段时间恰巧是幼童留美计划刚刚起步，清政府对留学计划充满信心之时。这批留欧学生出国前，在福州船政学堂接受过多年教育与训练，不仅品学兼优，而且已经成年，世界观、人生观、价值观基本形成。此外，清政府原本计划的留学时间也较短暂，因此，这批留学生没有像留美幼童那样中断学业，而是学成归国。他们之中的大部分人，如刘步蟾、方伯谦等大都进入海军，成为清朝国防战线的高级将领，而严复成为这批学生之中唯一一个没有到军舰上实习，即被召回国，转到教职的人。

对于严复而言，异国他乡的学习生活紧凑而有序，清晨6点，便要进入学习状态。每个星期，从星期一到星期六全天均有课程，其中除了算学、格致学、战例等理论课，还有两个下午用来画炮台图，三个下午自学。格林威治皇家海军学院注重以提问的方式培养学生的实际应用能力，学生们在家读书时或者听课中如有疑义，均可在课堂上向老师提问。每天提问的学生多达十几人。面对学生的各种问题，英国的老师们都会非常耐心地为之解答。这种看似挑战权威的教学方法，对于习惯了死记硬背，讲究师道尊严的中国学生而言，无疑充满了新鲜感，也一次次挑战和提高了他们的思辨能力。

西方教育中的思辨精神和论辩传统，可以追溯至古希腊时期，尤以苏格拉底的产婆术最为著名。苏格拉底首先通过不断提出问题，使对方陷入矛盾之中，进而启发、引导对方通过思考得出结论。人们在质疑与反质疑中明辨真理，增长智慧。直至今日，在西方的课堂上，教师仍注重培养学生的批判意识和质疑精神。在这种培养模式下，老师似乎更欣赏敢于提问、质疑甚至挑战自己的学生，很少有学生因与老师的观点不同而遭受排挤与歧视。

在中国教育史上，我们的先人亦曾提出过审问、明辨的教育主张，而且实践过诘问式的教学方法。《礼记·中庸》言："博学之，审问之，慎思之，明辨之，笃行之。"可见，在中国先哲的思想观念中，为学之道具有五种境界。其中，"审问"便是一种刨根问底的精神。在此基础上，经过审慎的思考，方能明辨是非曲直，判定真伪。就实践层面而言，中国古代书院师生辩难讨论式的教学方法，亦曾成为提高个人学问修养、促进学术繁荣昌盛的重要助推力。

回头细究，作为中国最早的官费留英生之一，严复是敢于质疑的学生吗？答案同样是否定的。据严复自己所言，他没有提问乃是因为"听讲时无余力质问"，但是，每有学生提问，这位勤奋的年轻人便细心记录下来，并用心地聆听教师的回答。今人自然不应拿现在的标准衡量两个世纪以前的严复，即便只是旁听，严复也已获益匪浅。

严复不仅亲身体验了格林威治皇家海军学院理论与实践并重的课程设置与教学方法，而且接触了亚当·斯密、孟德斯鸠、穆勒、达尔文、赫胥黎、斯宾塞等人的人文社会科学经典之作，并亲身感受和比较着中西方政治、法律、习俗等方面的巨大差异。前者为其日后全盘规划北洋水师学堂课程体系打下了基础，而后者则深深影响了他的精神世界，重建了他的知识结构，促使他更深层地思考中西学术和政治制度的异同及中国的命运。

严复勤奋好学的态度，出色的专业知识技能，滔滔不绝的口才，以及敏锐的洞察力得到了同期留学生、华洋监督及当时驻英大使郭嵩焘的一致称赞。郭嵩焘乃洋务运动开创者之一，他敏锐地意识到洋务派只知购买西方大炮，而轻视政教、法律、意识形态变革之局限。他与严复二人常常彻夜长谈，对西洋学术的共鸣很快使他们成为忘年之交。在郭嵩焘的眼中，严复虽有傲气，但才华横溢，“议论纵横”。

命运的车轮再次扭转，在清政府筹建北洋水师学堂时，严复被推举为教职。自此，中国多了一位培养海军将才的教育家，以及传译西学的翻译家。否则，甲午海战中，甚至是牺牲榜上，可能又会加上一名福州将领的名字——严复。

综观严复的求学之路，不难发现有这样几个重要的转折点。1866年，因其父病逝，家道中落，中断私塾学业。同年底，他借福州船政学堂招生之机，走上学习西学的道路。1877年，他搭上清政府公派留欧班车，得以迈出国门，远涉重洋，广泛接触、亲身感受西方思想与文化。从中学到西学，从国内到国外，三段求学之路，对严复的影响无疑是深远的。他不仅开始从政治、经济、法律等方面更为深入地思考中国的命运，而且从自身求学经验出发，倡导先中后西的读书路径。

第二节　先中后西：严家子女遵循的成长之路

“不要让孩子输在起跑线上”，成为近些年来中国家长普遍认同的口号。人们常常感叹中国人口太多，而优质的教育资源太稀缺。为了争取稀缺的优质教育资源，许多孩子从刚刚降生到世界上的时候，便已经开始忙着进行各种“比赛”，入早教，学特长，忙得不亦乐乎。等孩子大一点，围绕优质教育资源展开的争夺战更加激烈。父母们试图通过购买学区房、找关系等各种办法，把孩子送入一所好的幼儿园、小学、中学。围绕着高考的指挥棒，父母们不得不时时叮嘱孩子把所有的精力都用在学习上，以便考入一所好大学，直至将来找到一个好工作。而孩子们则手捧教科书，天天在语数外、理化生、史地政等几门科目中奋力遨游。父母们忙于让孩子在“战场”上厮杀、拼搏时，却很少冷静地思考：今天的孩子究竟需要什么样的教育？他们应该具有何种知识结构和眼界？而远在20世纪初，严复已经从自身求学经验出发，规划和实施了子女“先中后西”的成才之路。

严复晚年给熊锡育（字纯如）的信中曾详细解说他对子女学习进程的安排："复教子弟，以现时学校之难信，故宁在家延师先治中学，至十四五而后，放手专治西文，一切新学皆用西书，不假译本，而后相时度力，送其出洋，大抵八年而后卒业，至于所治何科，所执何业，亦就少年性质之所近而喜好者，无所专尚也。"由此可见，严复对子女的教育模式几乎是完全比照他个人的求学之路。

第一，先学中学，后入西学。关于严复对待中学和西学的态度，学术界尚无定论。有的学者认为其早年偏向于肯定西方，而晚年回归传统与保守；有的则认为他一直是一个具有"会通中西"文化理想的知识分子。其实，严复的复杂恰恰源于他对中西二学及中国社会的深刻洞察。在严复的教育理念中，虽然经传古文辞奥义深，不易为小学生所理解，但是恰如祖父之容颜，必得令孩童见过，倘若连自己的祖父都不知晓，岂非忘本？更何况"四书""五经"乃上流人必读书目。至于中学对个人性情学识有多少帮助，需待孩童年长方能有所体察。

为了给子女打好中学基础，严复更乐意通过家塾教导子弟。在他看来，"寒家子女少时，皆在家塾"。家塾老师教得用心，学生亦学得用功。他本人亦是从家塾中走出来的孩子，而彼时新式学堂在师资、教材等方面尚处于起步阶段，难以令人信服。

以新式学堂所采用的教材为例。清末，尤其是甲午战败后，蒙学教材在编纂形式、内容等方面产生了极大的变化。不同课本之间在体例编排、遣词造句上亦差距很大。以当时比较流行的几种蒙学教材为例，文明书局《蒙学课本》开篇讲的是"天在上，地在下，人在地之上"，《文话便读》教的是“小鸟飞，小狗叫，小儿追，小狗逃”，商务印书馆《最新国文教科书》是“天、地、日、月”，而《字课图说》则是将3000多字按语法分类排列。这种半文言或白话,单字或短句的语言表达形式，与传统蒙书三五一句，注重押韵，朗朗上口的行文截然不同。它们致力于脱离单纯的记诵，力求在内容上贴近儿童生活，在用语上趋向口语，受到了市场的欢迎。但这种以通俗浅显为取向的教材，亦被一些知识分子认为是忽略了汉字特点，是干瘪无韵律美的粗鄙教材。

在严复看来，在家上学本就是中国的传统，两相比较，那自然不必舍家塾而入学校。严复让长子严璩拜入同乡郑孝胥门下，成年后才令之出洋读书。他还为几个儿子聘请了桐城金子善为家塾先生。三子严琥（字叔夏）曾先后考上清华大学和唐山工业专门学校，但中途都被严复召回，仍在家受业。四子严璿（字季将）则先在家塾受教，打好中学基础之后，才进入唐山工业专门学校读书。即便到了唐山，严复亦嘱咐他闲暇之时，仍需用功“料理旧学”，尤其应熟读点诵《通鉴》《左传》两书，不使旧学荒废。除了为几个儿子开蒙，严复让四个女儿也跟着受业。严复病逝后，严璩秉承了家塾传统，聘请陈曾为严氏孙辈们教导古文，法籍教师麦达女士执教英文、法文与数学。正因如此，严家子弟均打下了深厚的中西学基础。

这种对家塾的推崇和对新式学堂的质疑不为严复所独有，而是代表了清末民初知识分子的普遍认识。在私塾与学堂二元并立的教育结构下，许多学堂的孩子放学后，再到私塾中补习中学基础。

第二，奉行传统的读书方法。严复认为孩童幼年时，不妨先行吟诵，能理解文意最好，不能也不必挂怀，只要打好根基，待年龄增长后自可深究学问。严复倡导幼年吟诵的学习方法，不仅源于对传统的尊重，还基于对吟诵有助研练记性的作用深信不疑。在他看来，研练记性乃教育中最重要之事。他把不懂而熟读称为“盲读”，认为少时盲读是有益处的，倘若少时不努力，则终身与中学失之交臂。

严复如此说，可能与他又一酸涩的记忆有关。自回国后，严复仕途坎坷，难展一技之长，为另谋发展，他曾前后四次尝试科举，但均以失败告终。这其实并不能说明严复经学修养不深，只能说这类新型知识分子“生不逢时”。

至于学习西学的方法，严复强调了两点。其一，十四五岁打好中学基础后，方能涉猎西学。以十四五岁作为学习中西二学的时间分界线，严复有着自己的用意。十四五岁与严复当初入福州船政学堂正式涉猎西学的年纪相仿。正如唯有走进一个人的生活才能真正了解他的内心，走进一座城市、一个国家才能真正了解它的习俗和文明，唯有走进中华传统文化才能对它有着真切的温情和敬意，也唯有以中学为基础才可能在中西对比之中深刻地体察与思考中国的文化和命运。其二，直接采用西书原版为课本。严复曾提出“信、达、雅”三条翻译准则。在梁启超眼中，严复是清末输入欧化之第一人，而严复之前，西方思想的译介工作杂乱无章。但即便是这位享有盛名的翻译家也备受质疑，吴汝纶、王国维、傅斯年等许多学者均曾对严译之精确度表示不满。西方学者史华慈评价说：“严译是借翻译来作诠释的绝佳案例。”严译如此，其他译本的质量和可信度则更可以想象。为避免子女为二手译本所误导，严复主张采纳外文原典教导子弟，这与今天很多语言学专家推荐以无中文字幕原声电影学英文的道理如出一辙。

严复强调一旦涉猎西学便要专心致志。但是，专注于西学，是不是意味着可以放弃中文了呢？当然不是。在严复看来，既然有了中学的基础，那么成年之后，中文尽可自修。不过严复也认为这种方法必须子弟天赋极佳，同时教师稍勤，方能收效。

第三，审时度势，送其出洋。如果说严复最早走出国门之时，中国人对出洋留学还抱有质疑和鄙视的态度，那么在甲午战败之后，尤其是科举制被废除后，国人出洋读书的意愿则愈来愈强烈。一方面，在强烈爱国心的召唤下，一批批热血青年勇敢地踏出国门，希望寻找到治理中国的良方；另一方面，“废科举”切断了传统士人子弟及大众阶层跻身仕途的路径，而清政府新出台的《派赴出洋游学办法章程》《奖励留学生章程》等奖励政策又给予人们重新跻身上流社会的机会，从而极大地刺激了留学教育的发展。

近些年，许多家长热衷于将孩子送出国念书，甚至不惜举家移民。有的是看重国外优质的教育资源，有的是为了躲避国内的高考政策，而有的仅仅是为了追赶潮流。而何时送孩子出国也是许多家长颇为头疼的事情。孩子太小，担心他不能适应国外的生活；孩子太大，又担心其错过语言学习的最好时机。于是，很多中国父母干脆出国陪读，着实用心良苦！严复则提倡以审时度势的泰然态度来对待子女出国问题，既要观察出洋时机，又应结合子女学习能力和家庭实际状况来决定。

作为中国最早的官派留欧生，严复对于出国留学是赞成和支持的。在他的努力下，长子严璩于1896年赴英国留学，1900年回国效力。但是，严复晚年对于国人为求取功名利禄而出洋的行为嗤之以鼻，因而对送子女出洋一事越来越淡漠。三子严琥娶亲后为家事所累，且严复又一直为病所缠，其赴欧求学一事便一拖再拖，终未成行。

与支持儿子出国留学不同，严复一直对女子出洋的行为不以为然，认为此举不仅不能增进女子持家之德，反而助长其骄气，损害家庭和睦。在他的教导下，他的四个女儿恪守旧法，都未曾出国留学。即便长女严瑸当时的未婚夫一再要求，甚至以解除婚约为要挟，他也始终没有同意让女儿出洋留学。

第四，遵从子女兴趣爱好和选择。“学而优则仕”是传统士人眼中最正当的职业追求。中国人对做官的热情简直世所罕见，就连批判八股取士的严复也曾为了仕途而四次步入考场。单一的就业取向不仅限制了传统知识分子的思想，而且塑造了全民狭隘的职业观。但是，严复从未要求子女以“做官”为人生目标，反而鼓励子女凭借自身爱好自由选择所学专业及以后的职业。

1909年，严复族侄、堂弟严传安（字观澜）的儿子严家驺（字伯鋆）准备赴美留学。严伯鋆最初打算学习铁路工程，此专业要求学生必须留在美国实习一年。因其父亲年事已高，犹豫不决的严伯鋆向严复诉说了自己的纠结和顾虑。严复认为侄子的顾虑有几分道理，便建议他转学西医。一来，欧美在医学领域进步迅猛，国内则缺少西医人才，学习西医对国家、对民族都有益处。二来，从长远来看，因医学与教育、法政关系甚大，医学必然越来越为国人所重视。三来，严家世代为医，严复的父亲和二伯父即严伯鋆的祖父，都是医生。若严伯鋆学医，乃承继祖业，积德累功，而铁路工程劳苦，需强健的身体才能胜任。不得不说，严复为侄子的前途考虑得非常全面，但严复最后仍强调自己的建议仅供参考，“学问须择所好，不必勉强”。可见，严复更愿意严家子弟自己决断。后来严伯鋆没有听从严复的建议，这也恰恰说明严氏家风的宽厚与严氏子弟的独立。

第三节　勤勉好学，严谨治学

作为一位有影响力的启蒙思想家、教育家、翻译家，严复一生南下北上，忙于译著、办学、讲学等社会活动，难得与子女相聚。但是，严复一直非常关心子女的学业，在家时亲自教导，在外则通过信件往来时时叮咛。严复会以什么标准要求子女呢？如果一定要以一个词来概括的话，那就是“勤谨”。

“勤”是严复对自己的要求，亦是严复对子女的殷切希望。他不仅在家书中多次提醒子女当勤勉好学，而且留有遗训，嘱咐子女“须勤于所业，知光阴、时日、机会之不复更来；须勤思，而加条理”。

在严复看来，“勤”代表了恒心与毅力，是求学所应具有的基本态度。1894年，严复给长子严璩去信，叮嘱儿子14岁到20岁之间是学问养成的关键期，倘若此时半途而废，则“脑脉渐痼”，以后必定思路不灵。因此，在此期间应心无旁骛，决不可因妻子、仕官、财利等外界因素而耽误学问养成，否则，终身对学问的理解和取得的成就，只能止于门外汉而已。学既不明，则日后遇事易为他人所左右，丧失自己的判断，而无益于国家、民族。严复的顾虑不无道理。严璩此时已经20岁，于1891年秋刚刚完婚，初为人夫。但是，在父亲的眼中，他仍是“天性浮动，难以用功”的孩子。作为严复的第一个孩子，又是严家多年以来唯一的孩子（严复直到王夫人过世后，才纳江莺娘为妾，纳妾时膝下只有严璩一个儿子，且已经18岁），自然被寄予厚望。因此，严璩从出生到出国的成长经历，几乎由严复一手安排。按照他的计划，严璩1896年赴英留学，4年后学成归国。

严复还曾对四子严璿说：“学问之道，水到渠成，但不间断，时至自见。”这类似老人们的口头禅：“读书百遍，其义自见。”古人云：“不积跬步，无以至千里；不积小流，无以成江海。”所谓“勤”，就是在一条崎岖不平的道路上不断攀登，就是用心地走好脚下的每一步。在过去，人们以吟诵作为主要的学习方法，讲究的是滚瓜烂熟，倒背如流。因此有“熟读唐诗三百首，不会作诗也会吟”之说。西学传入中国后，人们起初依然试图以熟悉的方式学习自然科学，发现此路不通后，聪明的中国人又想到聘请洋教习来教导中国子弟功课，于是，中国人渐渐了解了观察、实验之法。无论秉承何种学习方法，中国人始终相信学问是一个漫长的积累的过程。这份积累虽然辛苦，但是依然有路可循，那就是“书山有路勤为径，学海无涯苦作舟”。

“谨”为专心。在严复眼中，“勤”是求学的基本态度，而“谨”则是治学的关键。我们常常听到老师、家长这样评价一个孩子：“这个孩子挺聪明的，就是太粗心。”其实，所谓的粗心就是不专心。

在与几个子女鸿雁往来过程中，严复发现，三子严琥娶妻以后，给自己的来信中竟有多处错别字。一次尚可忍受，次数多了，严复便觉得实有必要说上一说。但是，为了给已经成婚的儿子保留几分面子，总是要先夸一夸自己儿子的优点。

于是，严复去信称赞他从少年成为人夫之后，精气神大为改观，从文字上亦能看出成熟不少，令他十分心安。继而，笔锋一转，点出儿子软肋——不专心，不仅将“辛苦”写作“幸苦”，“艰辛”写作“艰幸”，还自造了一个“萼”字以代替“蕚”字。在严复看来，凡此种种，实属不该。这些错误绝不是“粗心”二字便能一笔带过的，实际上还是对文字、对学问不够用心所致。

如何才能做到“谨”？在严复的眼中，“谨”意味着要学会承受孤独，甚至品味孤独。

要写出一篇好文章，勤勉与专心缺一不可。“如人饮水，冷暖自知”，写文章做学问，亦是甘苦自知，必得经过一番磨砺，方能有所成就。严复以翻译赫胥黎的《天演论》而闻名于世。鲁迅曾全文对照过赫胥黎演讲集与严译本《天演论》，从而深深钦佩严复“做”了一本《天演论》。所谓“做”指的是严复不仅写有按语，拿今天的话来说，就是评论，而且在翻译过程中添加了很多自己对进化论的理解。他不是仅仅引入了达尔文进化论，而是引入了社会达尔文主义，并一再试图将他所认为的中国最缺少的精神引入中国，被胡适誉为“系统地向中国引进西学的第一人”。然而，“第一人”往往是披荆斩棘的独行侠，严复始终是一个思想和行动上的独行者。这不仅仅因为旁人无法想象，亦无法体会他译书过程中的种种艰辛，而且因为当时无人能真正理解他的中西文化观。即便如此，他依然醉心于思考中国命运，专注于围绕“群体精神”，系统地引入西学。他像是一个孤独地行走于大漠的侠客，以无所畏惧之心，以严谨求实的态度，一点一点朝目标前行。

但是，孤独并不意味着冷漠。

严复将他的满腹热情寄托于文字，他希望后代成长为甘于孤独、勤于思考的有志之士。但是，他反对为文字而文字、为学问而学问的故步自封，视之为溺于文字，玩物丧志。他曾告诫儿子，今日之世，已不同于旧时，有志之士，当以兼济天下为己任，而不能钻在故纸堆里，为后世薄名而爬梳文字。严复对自己的作品亦持这种态度，他认为写作时必得殚精竭虑，但完稿后即可弃之不顾，不必在意虚名。

“宝剑锋从磨砺出，梅花香自苦寒来。”在求学之路上勇敢前行的学子像一个个独行侠。他们必须耐得寂寞，守得孤独，爬梳书本，奋战学海，才能在激烈的竞争中脱颖而出。而真正品学兼优的人，一定是擅于自我磨炼的剑客。他们可以埋头于书本，但一定不是“两耳不闻窗外事，一心只读圣贤书”的机器。他们甘于脚踏实地，亦乐于仰望星空。他们可以为这个世界的多彩而欢呼，也能够为这个世界的悲凉而忧愁。

第四节　放手，另一种深沉的爱

严复四子严璿少年时期第一次出远门，便是离开家到唐山求学。此时，严璿才12岁（1916年）。在给儿子择校的问题上，严复颇费了一番脑筋。像天下所有的父母一样，严复夫妻十分不舍得这个年幼的儿子，但一想到“男儿志在四方”，孩子早晚要进入社会，便狠下心来让儿子离开舒适温暖的家，到外地历练。他们挑来挑去，最终选定了唐山工业专门学校。

之所以选唐山工业专门学校，严复大概有两方面的考量：一方面，唐山工业专门学校是一所老牌院校。它是中国最早创办的高等学府之一，是中国土木、矿业人才的摇篮。其前身是1896年创办的山海关北洋铁路官学堂，1905年更名为唐山路矿学堂，民国后更名为唐山工业专门学校。该校1916年参加中华民国教育部举办的全国高等学校作业成绩展览评比，荣获第一名。著名桥梁专家茅以升便是该校1916届的毕业生。这样一所老牌院校在全国，尤其是北方无疑有着极强的号召力。严复让儿子念此名校，想必有所裨益。另一方面，其堂弟严观澜之子严伯鋆任教于此。严伯鋆曾留美专攻数学，回国后便在此任职。两家关系自同居福州阳岐老屋时便一直非常亲密。对于严复而言，族侄一家在唐山，可代为照顾严璿，如此也可稍微放心。

于是，12岁的少年便在严家的殷切希望下来到了唐山。与今天送新生入学的父母一样，严复亦不免在做人、求学、金钱用度等诸多方面反复叮咛。“一定要勤勉向学，用功读书呀”“既然学校每月有补贴，那你就不必十分节俭，有需要向你鋆哥开口呀”，而其中最不能免俗的一句则是“世故人情，皆为学问”，很类似今天家长常叨叨的一句话：“一定要和老师、同学搞好关系。”何谓“世故人情”？现在的一些年轻人常常不以为意，甚至还觉得人情往来有些虚伪。其实，在学校这个小天地中，能够做到和静师友，谨言慎行，不妄议他人，不仅是一种能力，更是一种涵养。

严璿为人笃实勤俭，从不骄傲自满，在家塾受业时，便常常被金子善先生赞扬,因此，在为人处世方面未曾让严复操心。但是他毕竟年幼，时时想家。严璿入学大概半年以后，严复欲离京南下，回福州定居。这引起了儿子强烈的不安。

父在北京，我在唐山，两地颇近，来往方便。倘若父亲去了福州，还能回北京吗？那岂不是不能时时见到父亲了吗？听闻父亲离京的打算，严璿惴惴不安，辗转反侧，夜不能寐，终于忍不住去信，试图打消严复南下的念头。

为了安抚儿子焦躁不安的情绪，严复当即回信，详详细细地解释了南下的三重原因。“一来，你大哥看中的京宅价格昂贵，而咱家财力有限，回乡置业能节省一些费用。二来，为父老了，总想落叶归根，福州始终是我们的根。三来，因肺病旧疾，我的身体始终畏惧北方寒冷，回南方可好好调养。之所以之前一直犹豫不定，就是因为如此则和你们聚少离多。”在过去的中国，父亲乃一家之主，他的决定是绝不容置疑的。但是，严复这位慈父却乐于也善于与儿女沟通，其言辞之恳切，今天读之亦不禁为之动容。

1920年，严复回福州避冬，父子俩相隔南北，相见不易。而此时，严复的病也越发重了。没过多久，一直挂心父亲病体的严璿来信，央求父亲把他转到离家近一点的学校，如此可以时常回家探望双亲。他甚至还列举了唐山工业专门学校的种种弊端，以达到转学的目的。

严复心知儿子孝顺，也十分思念远在异地的幼子。但是，他更希望孩子在孤独中学会独立，学有所成，因而没有答应儿子转学的要求，而是给他举了一个福建老乡欧阳詹的例子。

欧阳詹，是唐朝贞元年间（785—804年）一个才华横溢的福建人，也是福建历史上第一个考上进士的南安才子。福建当地文士安土重迁，欧阳詹本来亦无心科举，希望留在福建当地读书，侍奉双亲。然而，欧阳詹的父母一直希望儿子有朝一日出人头地，严命他进京读书，参加科举。在父母亲友的鼓励下，欧阳詹终于步上了西上长安之路，希望有朝一日衣锦还乡，以完成父母的心愿。经过六年漫长的学习和等待，欧阳詹终于金榜题名，考中进士第二名。大名鼎鼎的韩愈与他同榜，名次还落后他一名。但是，欧阳詹回家省亲时才发现，疼爱他的母亲早已与世长辞，母子俩从此阴阳相隔。但欧阳詹知道，对于父母而言，儿子在身边，虽然没有离别之苦，但是心里却并不快乐；儿子在京师，虽然难得相见，但心里却为他感到骄傲。严复希望儿子向欧阳詹学习，也成为一个“以志养孝”之人。

知道儿子挂念自己的病，严复虽然病重，但是并不讳“死”这个字眼，反而与儿子调侃道：“我的病虽然加剧了，但是未必马上就死。”他一边让儿子放心，一边以半责怪的口气说：“况且就算你在跟前，于我的病又能有什么帮助呢？何况我还要到西山、牯岭几处休养，难道你不用学习，每次都跟我去吗？”为了让儿子在唐山安心学习，真正成为一个独立的男人，严复严肃地告诉他：“唐山工校是不是好学校我不知道，但我知道你的学问太浅，要学的地方还多着呢。无论什么学校，都有可学之处，等你毕业了再去评论学校优劣吧。”

人的成长往往在一瞬间。或许是欧阳詹的例子让这个小伙子明白了父亲的良苦用心，又或许是父亲的当头棒喝使他看清了自己的幼稚，明白了要像个真正的男人般坚强、独立，明白了学有所成才能够肩负得起父母的希望。他不再彷徨失措，不再患得患失，不再自怨自艾，而是将自己的全部热情投入到学业中。大概半年以后，这个早先还娇气恋家的小男孩，已经蜕变为心智成熟的男人，主动要求暑假去西湖游玩，着实令严复欣喜。

放手，是父母另一种深沉的爱。孤独有时意味着独立。可惜的是，今天许多父母往往不愿意放手，害怕放手。他们常常以“小孩子，你还不懂”为理由，“蛮横地”替孩子决定了一切。久而久之，这批被牢牢掌控的小孩要么习惯了被安排，成为外人眼中容易摇摆、容易为他人所左右的一代人，要么奋起反抗，成为叛逆的问题儿童。回头看一看严复的“潇洒”，是不是更加充满智慧？

第五节 为学须有优游自得之趣

严璿初到唐山工业专门学校时，心中充满了忐忑、困惑与不安。一方面，独在异乡的生活令这个年仅12岁的少年饱尝思乡之苦；另一方面，学校的课程带给他新鲜感的同时，也让他困惑不解，其中，国文一科最令他感到无所适从。

他敏感地发现，以往在家塾跟着先生所念的国文在这里竟毫无用处。而学校中文教习所出的试题不仅从未见过，而且还看不懂，比如“研习”一词，以往在家塾中听都没听过。

这种迥异的教学内容、陌生的文法，无不令他感到困惑，而不理想的考试成绩更打击着他的自信心。这种强烈的落差，让他对国文科产生了深深的怀疑。他一再给父亲去信，一方面为自己的成绩感到内疚，另一方面对国文教学表示了强烈的质疑。

儿子的种种不适、急躁与郁闷之情早在严复意料之中。这位宽容的父亲淡然地告诉儿子："为学须有优游自得之趣。"换言之，读书做学问应达到怡然自得的境界，而不必对成绩和他人的评价如此耿耿于怀。如何做到"优游自得"呢？

第一，见怪不怪。严复强调：学校中文教习所为，的确与先贤规矩和书房所教大相径庭，难怪你诧异。不过这就是当下新学之风气，各个学校皆如此。至于你没见过的那些语体用法，则是现在报馆文章所普遍采用的表达方式。比如，"研习"二字，实际上就是"诵读"之意。在他们眼中，"研习"便是新鲜文明，符合新教育之要求。但是，你实在不必过于较真，也无须以未曾学过为理由有诸多抱怨，只要开动脑筋，转念审视，便能豁然开朗。

第二，心知肚明。严复教导说：虽然这是现在国文教学的风气，但是你应明白，现在中国无论何种学校的国文科目均非教导真正的国文，要学习国文还须在家塾中。既然学校教习不能在国文上给你什么实质帮助，那么你便不要依照过去的喜好，做一些长篇文章，平白惹他心烦，但课余时间一定要自己用功，料理旧学。

第三，入校随俗。严璿起初不明白，既然父亲说只有在家塾才能习得真正国文，那为什么还要遵从学校教习的规定学习这些新文体呢？严复便又耐心地劝解道：既然这就是现在的风气，而且国文分数高低又关涉能否升班，你便不能不勉强从俗，依照教员所言，弄些新名词，以塞责应付。孟子曾说过："孔子之仕于鲁也，鲁人猎较，孔子亦猎较。"即孔子任职于鲁国时，发现鲁国人以打猎为俗，便也参与其中。孔子尚能如此，何况你一个小孩子呢？真要讲究文字、学问，则又是另外一回事。等你毕业后，完全可以依照自己的喜好去做，而与今天在校所学无关。因此，不必在学校学习时特立独行。可见，严复所倡导的“适者生存”的法则，同样适用于学校和课堂。

第四，宠辱不惊。在严复的几个儿子中，严璿最用功，对学业成绩和老师评价也极为在乎。入学之初，严璿曾为堂课成绩不佳而备感懊恼。严复便以“堂课分数高，不足以沾沾自喜；堂课分数低，亦不必沮丧懊恼”之语宽慰自己的儿子。渐渐地，初始的种种不适已经过去，严璿在学业上越来越如鱼得水，堂课分数颇高。这时，严复再次告诉他“考试原求及格”，只要努力了，便不必对成绩高低过于认真。

严复如此教导儿子，与严璿心性有关。《论语》里曾有一个“闻斯行诸”的故事。有一天，孔子的两个学生子路和冉求分别来问他：“听到了就马上去做吗？”当子路如此问时，孔子批评他说：“你的父兄尚且健在，你怎么能如此做呢？”言外之意，你做事情之前要先征得他们的意见。而当冉求问同样的问题时，孔子却告诉他：“没错，听到了就去做。”孔子前后迥然的回答，使一旁的另一个学生公西华极为迷惑不解：“为什么对同一个问题，老师您的回答不一样呢？”孔子笑了笑说：“子路啊，平时太莽撞，所以要挫一挫他的锐气。而冉求呢，平时太犹豫，所以要鼓励他果断前行。”孔子的良苦用心由此可见一斑。

严复便是这样一位因材施教的父亲。严璿本就是一个勤奋好学的孩子。唐山工业专门学校里那些未曾接触的科目仿佛向他提出了挑战，致使这个不甘人后的孩子越发刻苦用功，时间久了，身体竟出了毛病。严复心疼不已，十分后悔当初没有同意让他与其他姐妹一起来上海，反复写信叮嘱他务必以身体为要，等养好身体再用功不迟。

不过，严复并非不在乎子女的学业成绩，只不过在他的眼中“用力既久，自然成熟”。也就是说，做学问是一个自然而然、水到渠成的过程，一时的高低毁誉，不足挂怀。

台湾作家龙应台亦曾写给儿子安德烈一段类似的话：“我也要求你读书用功，不是因为我要你跟别人比成就，而是因为，我希望你将来会拥有选择的权利,选择有意义、有时间的工作，而不是被迫谋生。”反观今日许多父母，简直比孩子还要斤斤计较分数高低。但是，这实在怪不得中国父母，毕竟一分之差，便有可能与大学失之交臂。

总体而言，严复为学之“优游自得”强调的是宠辱不惊、怡然自得的心态，真可谓乐学的另一种境界。乐学之传统，中国古已有之。孔子曰：“学而不厌，诲人不倦。”孟子则将“乐”作为人格修养的高度。汉代刘安说：“同师而超群者，必其乐之者也。”北宋程颢、程颐说：“学至于乐则成矣。”明朝王守仁说：“今教童子，必使其趋向鼓舞，中心喜悦，则其进自不能已。”梁启超则将乐业解释为“趣味”。如果说，在多数人眼中，乐学的主要目的在于学问之“成”与“得”，那么在严复看来，乐学的主要境界在于自得其乐。换言之，乐学不仅要有脚踏实地、兢兢业业之正修，更要有天地之间任我遨游之胸襟。

第六节　读万卷书，行万里路

“读万卷书，行万里路”自古以来便是中国人崇尚的一种生活方式。李时珍遍尝百草，方著成《本草纲目》；徐霞客踏遍千山万水，才写出《徐霞客游记》。他们像是孤独的行者，在天地间游走，在游走中体验着生活的真谛。

严复也是如此。当四子严璿提出要利用暑假时间到西湖游览时，严复用“甚以为然”四个字表达了自己的赞赏之情。他认为观览名胜，游山玩水，不但可以陶冶情操，排遣烦闷，而且能够增进人生阅历和学问，更可以激发志气。

之所以这么说，与严复本人的成长经历有很大关系。留英期间，严复不仅阅读了大量的西方学术著作，得以在书本中吸收西学精髓，而且还近距离地观察了西方的风土人情、政治制度，得以在精神上汲取西学养分。

你能想象一百多年前，一位拖着长辫子的中国年轻人到英国法庭旁听的情景吗？对于英国人来说，这恐怕是第一位来自东方的听众。无视他人异样的眼光，这位独行侠一次次走入了异国他乡的法庭，聆听着来自英国普通大众的声音。他惊讶地发现，英国的法庭每天都在伸张正义，一介英国小民也敢于在法庭之上据理力争。当时如果换在中国，恐怕要治他一个藐视公堂之罪。这种强烈的对比带给他的思想上和情感上的冲击无疑是巨大的，使若有所失的他陷入深深的思索之中。他恍然大悟，英国及西方诸国强盛的根源不在坚船利炮，而在司法制度。

他也曾在课堂上认真地比较和思考过中外学生的体力差异及其产生原因。一次野战筑壕课上，西洋教官要求所有学生在有限时间内挖一个三尺深的单人掩体。于是，在教官的带领下，学生们一字排开，奋力挖掘。到了规定时间，教官和西洋学生已经垒成，而中国学生包括严复在内仅挖了不到一半，更令人沮丧的是，中国学生不仅成绩最差，而且已经精疲力竭，跟外国人比起来实在是相形见绌。就是这一次小小的较量，令严复意识到国民身体素质之差与国家之衰弱不无关系，而中外学生体质之差别则与其从小受到的教育有关。中国人从小偏重智育，而忽视体质锻炼，西方人则从小养成锻炼身体的习惯，因此体格更为强健。

暑假时，他还曾随郭嵩焘到巴黎参加世界博览会，并陪同考察了巴黎的市政建设。他由衷地钦佩西方城市建筑规划的井井有条，无论大小街道，皆整洁干净。他将西方市政建设成功的原因归结为西方人做事情之专注严谨。

留欧的日子短暂而又充实。正是一次次眼睛与心灵的旅行，使他得以广泛接触英国社会民风。这不仅大大改变了他的世界观、文化观，而且为他日后系统引入西方政治学术思想奠定了基础。从某种意义而言，严复报国的志气恰恰是在他游历欧洲时产生的。

说到游学和志气，严复还联想到太史公司马迁。受父亲司马谈的影响，司马迁自小博览群书，立志修史。为了搜集到更丰富的历史资料，他先后三次出游，北到内蒙古，南至昆明，东到山东，西达陇西，足迹几乎遍布整个中华大地。他曾到九嶷山探访过舜帝遗迹，赴会稽山探寻过大禹墓穴，在孔子故里瞻仰过孔子遗风，至邹鲁峄山体验过乡射之礼，去汨罗江边缅怀过屈原，到长沙凭吊过贾谊。他试图走遍那些曾经鲜活的人物所走过的道路，体味他们当年的心境。他一路寻访那些相关的历史遗迹，搜集民间的历史传说和故事，可谓最早的口述史专家。他凭借所积累的素材和顽强的毅力，终于著成被誉为“史家之绝唱，无韵之离骚”的《史记》，他本人也因此名垂青史。

在严复看来，在旅行中体验人生、增长见识实在是一件意义非凡之事。但若仅是走马观花，则丧失了旅行的真正意义。他告诫儿子要想将游与学融为一体，需“预备多种学识”：第一，历史知识。“古人生长经由，用兵形势得失，以及土地、产物、人情、风俗”，均应了如指掌。唯有如此，才能在身游此地时，有凭吊之思，或济时之意。第二，地学知识。“苟通此学，则一水一石，遇之皆能彰往察来，并知地下所藏，当为何物。”第三，“以摄影记载,则旅行雅游，成一绝大事业”。

由此可见，严复绝不是那种钻在故纸堆里的书呆子，而是一个对历史充满敬意与温情的行者，亦是一个对生活满怀激情、深谙生活情趣的高手。在前行的道路上，掌历史以品人文之韵，懂地学以享自然之美，摄美影以增旅行之雅，这是多么诗情画意的场景。

旅行，其实不在于走过多少地方，而在于从旅途中寻到的一份怡然自得。它是你与古老文明的一次次对话，是对他人风俗习惯的一份尊重，更是与内心深处的自己的一次次相遇。

第七节　勇敢追梦吧，少年

如果今天给你一部3249卷的“二十四史”，你是否有把握几年之内将其全部研读完？我想没有几个人敢说此番豪言壮语，但严复的三子严琥就敢。严琥22岁时给父亲去信，除了禀告近日读《近思录》所思，还雄心勃勃地宣布：“希望在七年之内读完‘二十四史’和英文版的《世界史》。”

这听上去多少有些夸夸其谈，大言不惭，就连严复起初也认为儿子所设定的目标有点遥不可及，与之笑谈“苟践此语，殆可独步中西”。他认为读《近思录》一书便需十分用功，才能明白作者所言，更何况这两部大部头的通史。

但是，当以调侃的语气宣告自己的判定后，严复笔头一顿，陷入了沉思：少年立志，难能可贵。如此打击儿子的积极性，岂非不妥？另外，这个梦想果真是好高骛远吗？回想当年在英国皇家海军学院求学的日子，功课繁重之余，自己不一样广泛阅读了亚当·斯密、达尔文、斯宾塞等人的著作吗？同样是二十多岁的年纪，我行，儿子怎么就不行？想到这里，严复笔锋一转，由衷地肯定了儿子的梦想。

严复同样是一位鼓励孩子勇敢朝梦想迈进的父亲。“日日行，不怕千万里。得见有恒，则七级浮屠，终有合尖之日。”他以这句谚语鼓励儿子世上无难事，只怕有心人，只要肯下苦功夫，有恒心，有毅力，梦想就一定能实现。

不仅如此，严复还通过自己的读书经验，给予严琥实际的指导意见，以帮助他早日实现自己的梦想。他告诫儿子此事要做，必须在30岁之前完成。原因是40岁以后，因人事日繁，记忆力减退，即使做到也无所裨益；而50岁以后虽然也时常读书，但是几乎遗忘殆尽；到他如今60多岁时所记，仍是少壮所读之书。至于究竟怎么读，严复亦有心得相授。他建议儿子从“前四史”开始读。别人读史多按成书顺序，但严复建议儿子采用顾恺之的倒啖甘蔗法，以陈寿《三国志》、范晔《后汉书》、班固《汉书》，以及司马迁《史记》为先后顺序，以取得渐入佳境之效。无从知晓严琥是不是依靠坚韧的毅力，完成了这一“壮举”，但我相信，父亲对他的肯定和鼓励必是他前进道路上永恒的灯塔。

不得不说，严复是一位高情商、充满智慧的父亲。他不仅擅长自我反思，而且乐于以欣赏的眼光看待年轻人的梦想，更可以根据自己的人生经验成为儿子追梦道路上的精神导师。

第八节　细节决定成败

人生在世，很多人往往渴望成就一番事业。鲍叔牙曾说：“成大事者，不恤小耻；立大功者，不拘小节。”但在严复看来，成大事的首要前提就是懂得注重小节。

什么是小节？有人认为小节是那些无关原则的细枝末节。然而俗语有云：“千里之行，始于足下。”“千里之堤，溃于蚁穴。”这些琐碎的、容易被人忽视的小事、细节，往往是成败的关键。

庄子曾讲过一个“不龟手之药”的故事。宋国一户人家，世代以漂洗棉絮为生，善于制作一种防止皮肤冻裂的药物。有人慕名前来，请求用百金换此药方。这家人一商量，觉得卖掉一张药方，便可轻轻松松赚得百金，比他们祖祖辈辈挣的钱还要多得多，实在是一笔划算的买卖。于是，双方成交。这个人将得到的药方献给了吴王。后来，越国前来攻打吴国，吴王便让他统帅部队。在一场冬天的水战中，吴国将士因为有了这种药膏，手都没有起冻疮，身体素质占得先机，因而战斗力大增，大败越军。吴王便赏给他一块封地。同样一种东西，运用的方式不同，所得亦有不同。

诸葛亮则是一个擅长利用细节营造氛围的高手。空城计为什么会成功？诸葛亮再冷静机智，假若仅他一个人呆坐城楼上，能令生性多疑的司马懿上当？且看诸葛亮是怎么营造氛围的：他“坐于城楼之上，笑容可掬，焚香操琴。左有一童子，手捧宝剑；右有一童子，手执麈尾。城门内外，有二十余百姓，低头洒扫，傍若无人”。潇洒帅气的主角，镇定自若的配角，以及旁若无人的群众演员，共同上演了一出好戏，营造出请君入瓮的假象。正是这些精心安排的细节，才使得司马懿信以为真。

严复亦是一个重视小节的人。平常人书信往来，很少注意对方标注的时间。但是，严复非常注意这点。也正因为如此，他敏感地发现了儿子严琥从前所写之信皆标注旧历，而最近一封信（1919年）却标注新历。有的人不以为意，认为不过是随手标注而已，有何大碍！他们不知道的是，围绕着旧历与新历曾有一场轩然大波。

清王朝覆灭后，同盟会各省代表酝酿组建中华民国政府时，黄兴曾代表同盟会提交议案，其中之一便是建议改用国际普遍流行的公历。此议当时得到与会代表的一致赞同。

但是没过几天，突然有代表对此提出异议，认为夏历为历朝历代所沿用，至今已有两千多年的历史，不可轻易改变。而改历派则认为，推翻清王朝，创建民国，乃历史巨变，改用阳历，亦有除旧布新之意。况且，国际上普遍使用公历，中华民国亦应当顺应潮流。两方争执不下时，孙中山明确宣布必须按照原议案改用公历，否则不到南京任职。至此，同盟会内部争执才告一段落。

严复并非旧历的拥护者，只是觉得，在家书中若用新历就全用新历，若用旧历则全用旧历，新旧两历并注也是可以的，反而是乍阴乍阳，必致迷乱误事。如此新旧混用，恰恰是儿子阴阳历法知识缺乏的表现。“朔”“望”“弦”“浣”及“初几”等词语的表达均与月亮有关，因此都属于旧历。若书信中有此表达，末尾便不适合用新历标日期，反之亦然。他告诫儿子做人做事都要踏实，切勿心浮气躁，此事虽然属于小节，但是亦不可忽视。

佛家有云：“一花一世界，一树一菩提。”老子亦曾说：“天下难事，必做于易；天下大事，必做于细。”而在这个浮躁的时代，许多人将“成大事者，不拘小节”挂在嘴边。其实，正如《细节决定成败》一书中所言：“芸芸众生能做大事的实在太少，多数人的多数情况总还只能做一些具体的事、琐碎的事、单调的事，也许过于平淡，也许鸡毛蒜皮，但这就是工作，是生活，是成就大事的不可缺少的基础。”欲扫天下，请从打扫屋子开始。有鸿鹄之志，也要先懂得和燕雀交朋友。

第九节　谁说女子不如男

“凡为女子，大理须明。温柔典雅，四德三从。孝顺父母，惟令是行。问安侍膳，垂手敛容。言辞庄重，举止消停。”《闺训千字文》的开篇道出了传统中国人对于女子的期望和要求。由此，普通人家的女子，即便达不到如名门闺秀般知书达理，也必定以贤良淑德为标准，以相夫教子为己任。然而，历史的车轮行进到晚清民国时期，风气为之一变。秋瑾、吕碧城、陆小曼、林徽因等诸多传奇女性走出了家庭，走上了社会的舞台。她们才貌双全，风华绝代，不甘于平凡的家庭琐事，而敢于与男子争辉。严复的几个女儿，亦出生和成长于这个大变革的历史洪流之中。

那么，饱受西学浸染的严复是如何期望和教导自己女儿的呢？是否也希望自己的女儿成为新潮女性呢？答案是否定的。严复虽然与中国历史上第一个女编辑、颇有盛名的吕碧城有忘年之交，但是对于当时社会上的新式女子并无多少好感。他听闻亲家吕增祥的长子吕彦深（字伯远）一心欲求新式女子为妻，十分不以为然。他直白地讽刺说：“吾见新式女子甚多，几于无一不闹故事，可哀也已。”在他看来，吕伯远有此种愿望无非是讲究排场，换言之，就是赶时髦，但其自身中西二学均有限，根本不足以令新式女子心生敬畏和爱慕，因此即便勉强走在一起，他日也必将以离婚收场。吕伯远后来娶了严复的侄女严琦为妻，不知是不是与严复的这番训诫有关。

与此同时，严复一直以“父母之命，媒妁之言”的旧办法处理儿女婚事，而对婚姻自由的提法十分反感。他曾在给外甥女何纫兰的信中极力赞赏吕碧城的婚姻观。吕碧城虽是新式女性，但是在婚配一事上与严复的观念不谋而合。她认为，由父母主婚的婚姻虽然可能有错，但错的毕竟占少数，且即使错配对象，还可以将责任推到命运的头上。严复认为在所谓的自由婚姻中，双方仅以外表为衡量标准，而并非看重对方的人品，待激情过去后，必然相看两生厌，难以白头偕老。在严复的心目中，女性是阴柔的，本应贤良淑德。因此，在他的严格要求下，严家的几个女儿均谨守传统文化道德要求，谁也不曾是当时社会上的风云人物。

但是，这并不意味着严复是个一味守旧、只知男尊女卑的“老古董”。相反，他对于女性在家庭生活中所处的弱势地位深表同情。1908年，长子严璩因厌烦妻子的姑姑吕汶离婚及索要赡养费一事，曾大骂近时妇女过于出众。严璩娶的是严复好友吕增祥的女儿吕静宜，吕静宜的姑姑则是当年颇具才气与盛名的女诗人吕汶。她30多岁嫁给了严海帆，1908年前后与之离婚，独自抚养女儿。大概是为了赡养费一事，夫妻二人闹得不可开交，最后不得不由严复和杨士骧出面协调，以严海帆的兄长严郎轩每月提供她30两银子作为赡养费而告终。

严璩对此事的看法颇有些大男子主义，直呼女子应嫁鸡随鸡，嫁狗随狗，不管丈夫如何，总应该安分守己。严璩的这一番言论，不仅引起了妻子的强烈反感，致使夫妻二人反唇相讥，就连一向对新式女子没什么好感的严复也看不下去了。在严复看来，儿子的观点实属旧派，恰恰是旧社会对女子的束缚过于野蛮，才导致今日女子非要与过去决裂的极端态度的产生。这种追求自由与平等的社会风尚仅仅只有几年，难免有不当之处，但未尝不是改变社会陋习的良好时机，倘若不加以改变，将永世如旧。严复不是女子，不可能切身遭遇旧时社会对女子的枷锁，但却能领悟到旧时女子的苦痛与今日女子某些行为的情有可原，着实可佩！

不仅如此，与当时许多人奉行“女子无才便是德”的观念相反，严复十分重视女子教育。可能是受了外甥女和吕碧城的影响，严复渐渐开始关注和提倡女学。1906年，当时在上海中西女塾念书的何纫兰屡次与舅舅严复讨论如何兴办一所理想的女子学校。此时，严复已萌生办女学的想法，表示愿为“女界出一臂之力”。

此时，士绅兴办女学成一时之风气，但许多创办者醉翁之意不在酒。有一个姓沈的人创建了一所天足会女学，所选出的第一名不是学习成绩最好的女孩，而是最美的女孩。这个沈先生不仅赠予第一名金表，后来还直接将其娶回家，收为第五房妾。在严复看来，上海其他士绅所办女学大多演变为官场交接之场，女子受教育程度、成效可以想见。他对此嗤之以鼻，发愿要办就办“完全女学”，但是念及人言可畏，又不想担当校政职务，唯愿日后担任国文教员，以尽一份心力。不过，严复仍然为女学的创建提出了诸多设想。对于女学校政人选，他本来属意自己的儿媳妇吕静宜，但是又觉得儿子严璩家政渐繁，恐其不能抽身。因此，建议何纫兰在自己同学中细细寻找志同道合的大家闺秀，以共成此事。此外，严复还草拟了女学开校宗旨，包含了培养目标、校址、课程设置、师资性别、学习时段、入学资格、学费等诸多方面，不可谓不细。可惜，严复与何纫兰所设想的女学最后是否得以创办并开展教学活动，今天已不得而知。

但是，可以肯定的是，严复本人极其重视对女孩的教育。严氏家塾中，严复的几个女儿均与哥哥们一同学习。严复不仅多番嘱咐女儿及外甥女何纫兰要勤学好学，用心做文章，不可闲散度日，而且还细细指导外甥女书法之要领。在他看来，书写不同字体，须用不同笔墨，执笔之术讲究锋在画中，文字结构则讲究密不透风。受严氏家风熏陶，严氏家族的女孩们个个饱读诗书，学贯中西，琴棋书画样样皆通，实乃名副其实的大家闺秀，尤其是严复的几个孙女严倚云、严倬云、严停云、严系云均声名远扬，不仅在事业上颇有建树，而且继承和发扬了严氏家族一以贯之的济世情怀。

严倚云，严复的长孙女，严璩的女儿，自小体弱多病，身有残疾，但却是一个身残志坚、乐观开朗的女孩。她记得有一次五叔抢她的玩具，惹得她哇哇大哭，祖父安慰她说："不要哭，世界上什么东西都不是属于你的，只有学问是别人抢不走的。"这句话一直被严倚云记在心中，成为她前进道路上的不懈动力。

她一直在家塾里读古书、英文、法文和数学，曾获得法国政府、英国剑桥大学海外考试中心颁发的文凭，但因没有一张中国正式学校颁发的文凭，便无法报考中国的大学。为了考大学，严倚云进入北京圣心女中读书。天资聪颖的她仅用了一年时间便以第一名毕业，继而在激烈的竞争中脱颖而出，考入北大。在北大（七七事变后，北大与清华、南开合并为西南联大）读书的日子，严倚云可谓学生中的风云人物。她读的是教育系，又辅修了英文，选了英文系所有的必修课，以至于许多老师和同学以为她是英文系的学生。同时，她还是北大戏剧社和法文部的活跃分子。她忽而可以成为《放下你的鞭子》街头剧中受苦受难的小女孩，令人潸然泪下，忽而可以出现在法文部，忙于向英、法、德、日等国家寄发抗日宣传品，令人深为钦佩。

毕业后的严倚云一直活跃在教育界。她先是留在西南联大师范学院任助教，之后回到北京，在北大教育系任职，因缘际会之下，又于1947年远赴美国，先后在纽约州的师范学院、密歇根大学、康奈尔大学、南加州大学任职或学习。

只身闯荡异国他乡的生活是辛苦的，但是天性开朗的她不仅没有被生活的种种困境打倒，反而绽放出别样的风采。她是中国留学生中有名的知心大姐，家里常常挤满了过路的学生。除夕之夜，她还亲自下厨，开出几百人享用的十几道大菜。她毕生致力于传扬中国历史与文化，所开设的中国语言学、中国文学、中国历史、中国哲学等众多课程，均深受学生欢迎。她积极探索各种教学形式，常常组织外国学生参加只说中文的晚会、露营，以提高他们的中文水平。她一边指导美国学生表演中国话剧《野玫瑰》，一边积极邀请中国的大学生团体到美国演出，从而将中美文化的友谊延伸于课堂之外。她还是中国饮食文化的形象代言人。当时，西雅图的中国菜馆仅有几家，且多是简单的广东菜。爱吃好吃懂吃的她便开设了一门没有学分的课“中国烹饪之传统”，每次讲完课后，就带朋友们去西雅图各地寻找美味。久而久之，外省的餐馆越开越多。晚年时，她与丈夫——物理学家高叔哿还慷慨地拿出多年的积蓄43.7万美元，在华盛顿大学设立“严复翻译奖学金”和“严复奖学金基金”，用以资助那些热心于钻研中国文化的年轻人。这位具有传奇色彩的女性，以她坚强的毅力和辛勤的汗水，践行着祖父“优胜劣汰”的教导，以她的乐观开朗和全部热情架起中美文化交流的桥梁。

严倬云、严停云（笔名华严）则是严复三子严琥的女儿。受严家书香传家的影响，姐妹二人自小便受到良好的教育，即便是战争年代，她们依然坚持读书。新中国成立前，这两位才女因母亲的原因先后离开中国大陆，去往台湾，自此在台湾开花结果。

严倬云毕业于上海圣约翰大学，后随母亲赴台湾。在舅舅的牵线之下，这位开朗大方的才女嫁给了后来因“汪辜会谈”而几乎被全中国人所熟知的辜振甫，从此相伴一生。但是，严倬云正式嫁给他之前，还曾有过一段逃婚史。当时，严倬云刚刚从中国大陆到台湾，在她眼中，台湾男人都是深受日本教育、粗鲁无礼的大男子主义者，而且辜振甫的父亲辜显荣，因甲午战争后曾代表艋舺士绅迎接日本军进入台北，而在中国大陆的名声很臭。因此，严倬云对舅舅介绍的这段姻缘极其反感，不仅坚决拒绝，而且逃到了从小带她的一个阿姨家。有意思的是，严倬云在阿姨家遇见了一个叫“红皮鞋”的算命先生，一算之下，得知这段姻缘是上天注定的，便放弃了逃婚的决定。回家后，严倬云抱着试试看的态度，答应先跟辜振甫见个面，没想到经过接触，发现对方还算一个文质彬彬的翩翩少年，接下来的事情便顺理成章了。人生就是如此奇妙，她的母亲自台湾林家嫁入了福州严家，而短短几十年之后，她便跨越台湾海峡，嫁给了台湾鹿港辜家，续写了两岸佳话。

严倬云出身名门，善于交际，实乃辜振甫的贤内助，但是她坚决不碰政治，她的丈夫以及栽培她的宋美龄也都不愿意她涉入政坛。宋美龄在台湾创办“妇联会”时，便定下了“不干预政治”的原则，严倬云做主任委员，亦坚持了这一点。在宋美龄和严倬云的坚持下，台湾“妇联会”一直以慈善事业为唯一工作，不参与竞选和任何政治斗争，所资助的贫病残障、孤苦无依者，亦不分党派。据严倬云自己分析，她之所以热心于公益事业，与祖父严复教导他们“群先己后”是分不开的。在她的影响下，她的子孙后代也个个愿意做慈善事业。

严倬云

严倬云的胞妹严停云自上海圣约翰大学中文系毕业后赴台湾探亲，没想到这一去便滞留在台，无法回乡。因缘际会之下，她嫁给了父亲的学生——“中央通讯社”第一位台湾特派员叶明勋。自此，与姐姐一样，在台湾绵延子嗣，生根发芽。她后来以姑姑的名字华严为笔名，创作出《智能的灯》等脍炙人口的作品，成为闻名海峡两岸的作家。

严系云则是目前唯一生活在祖国内地

的严复直系亲属。她从北京辅仁大学毕业后，一直在唐山四中担任英语、音乐老师，自此一直着迷于三尺讲台。她深深地眷恋着祖国大陆这片土地，任其他海外族亲如何劝说，也不曾动过移民的念头。退休以后，她还热心参加书画展、时装展览、歌咏比赛等各种社会活动，现在还是唐山市海外联谊会副主任、唐山市老干部合唱团团长。

自幼成长在严氏家族浓厚的文化氛围中，深受严复的调教和影响，严氏家族的女孩们不仅学习勤奋，聪颖过人，志向远大，而且气质如兰，温婉动人。更可贵的是，她们谨记严复遗训，用她们宽容豁达的心态和慈祥博大的爱心为严氏家族继续编织着迷人的画卷。

第二章

乐生宽和，敦亲睦族

严复故居

第一节　乐生为要，健康第一

“须知人要乐生，以身体健康为第一要义。”这是严复留下的六条遗训之一。熟悉严复的人都知道，严复是个烟瘾很大，饱受哮喘、肺病困扰的人。也许正应了那句“只有失去以后才懂得珍惜”的俗语，饱受病痛折磨的严复，深知健康的可贵，才如此叮嘱子孙后代。

这里的“烟”，指的是鸦片。鼎鼎大名的严复怎么会沾染烟霞癖？这是许多人颇感兴趣的话题。据何纫兰所说，严复最早是在吕君止（长子严璩的岳父）家里染上烟瘾的。

清朝末年，鸦片曾被称为雅片，稍有点地位的家庭常备此物招待客人。严复起初对吸鸦片一事并不在意，还曾轻松地对家人表示：虽然自己没有戒烟，但是不管何时戒除，都属于易事。

也许严复最初抽鸦片，只是社交的一时需要或好奇心的驱使，尚属于玩票性质，但严复委实不知鸦片之厉害，以至于后来上瘾成性，越抽越凶，难以戒除。但是，若将严复简单地归结为一个“瘾君子”，着实不公。有人说，严复抽鸦片是出于生活和工作的需要。1908年，严复应直隶总督杨士骧之聘赴天津，在天津期间所服鸦片几乎均由其夫人朱明丽从上海寄来。鸦片快用完时，他便寄信催促家人尽快寄送，强调“在此日日有事，恐精神不支撑耳”。可见，在严复的心中，鸦片乃麻痹自己、缓解精神压力的良药。还有人通过分析其日记认为，严复抽鸦片、打吗啡主要是为了缓解生理病痛。

无论如何，鸦片纠缠了严复大半生，使之欲罢不能。

由于长年服食鸦片，严复的身体弱不禁风，小小的感冒风寒，竟能纠缠许久。他晚年饱受肺病折磨，亦与之有关。吸食鸦片不仅渐渐打垮了他的身体，而且为他带来了诸多负面影响。严复在北洋水师学堂任职时的顶头上司乃当朝权臣李鸿章。得知严复有此癖好，李鸿章曾不无可惜地对他说“汝如此人才，吃烟岂不可惜”，要他想办法革去烟霞癖。严复虽一时感动，但终不了了之。虽然不能说后来李鸿章与严复之间的隔阂与鸦片有关，但显而易见，严复的形象因这一癖好而在李鸿章那里大打折扣。除此之外，革命党人与主张立宪的严复打笔仗时，也利用了这一点做文章。1907年，楚元王在《民报》上发表了《谕立宪党》一文，毫不客气地将严复描述成一个只知道天天抽鸦片，什么事情都不做，白白骗钱的大滑头。

严复虽吸烟，但并非不知鸦片蔓延对中国的危害。初染鸦片之时，他还曾认真地思索过从近臣大吏到普通百姓戒烟的一套方案。在他看来，倘若皇帝亲自把关，查二品以上官吏，只任用不染烟瘾之人，则近臣大吏必然革除此癖，洁身自好。继而，近臣大吏以身示范，亲查近属，则官兵士子之癖可除。进而，天下万民欲为官兵士子者，皆知自爱。如此层层把关，上下一心，沾染之人必然越来越少，最终可明令禁止。用三十年的时间，使鸦片之害禁绝于天下。如今已经很难想象，身染烟瘾的严复究竟是以怎样的心情说出这番话来的。或许正是因为不知鸦片之厉害，才如此贸然乐观；直至其亲身尝试，才知戒除太难。他晚年在给友人熊锡育的信中，无限感慨，悔恨不已："恨早不知此物为害真相，致有此患，若早知之，虽曰仙丹，吾不近也。寄语一切世间男女少壮人，鸦片切不可近。世间如有魔鬼，则此物是耳。"严复的亲身经历再一次印证鸦片之类万万不可碰，否则后患无穷。

严复痛恨鸦片，但严复的乐生之道并非仅指不碰鸦片。作为中医大夫之后，严复对于自己及家人的饮食起居还是颇为在意和讲究的。民国元年（1912年）外甥女何纫兰因病求医，颇赖医药。严复闻之，遂告诫外甥女若要身体健康，便不可依赖于医药，医药只能起一时之效用，终有穷尽无用之时。这与今天常说的吃药太多，易使身体产生抗体，从而导致药物失效，有异曲同工之妙。

在严复看来，与其依赖医药，不如依靠饮食疗法，虽然起效慢，但却是长久之计。他嘱咐外甥女出院后，一定要在饮食起居方面小心谨慎。"勿谓害小而为之，害不积不足以伤生；勿谓益小而不为，益不集无由以致健；勿嗜爽口之食，必节必精；勿从目前之欲，而贻来日之病。"可见，严复所倡导的养生之道，重在"节制"二字。其实，节制欲望并非严复首创，它早就在中国古人的养生之道中占据重要的位置。明代医学家江绮石言："节嗜欲以养精，节烦恼以养神，节愤怒以养肝，节辛勤以养力，节思虑以养心，节悲哀以养肺。”清代石成金说：“食宜八九分，不可过饱，食宜淡些，不可厚味。”其实都是这个道理。

乐生还是一种安宁淡泊的心境。严复希望儿女们勤学乐业，但不希望他们以伤害身体为代价。严复的四子严璿自小勤奋刻苦，不甘人后，以至于用功太过，颇伤身体。作为父亲，严复既心疼又气愤，直言过犹不及，愚蠢之至。他以古语“皮之不存，毛将焉附”告诫孩子们，不要本末倒置，对于上课的成绩亦不要过分认真。

诸葛亮告诫子孙：“非淡泊无以明志，非宁静无以致远。”在这浮躁嘈杂的社会，更需要一份宁静与安逸。所谓的乐生之道，不仅要有一种健康的生活方式，恐怕更要有一份“行到水穷处，坐看云起时”的随性与洒脱吧。

第二节　二妻一妾，忘年红颜

像严复这般提倡自由主义的先驱，会爱慕什么样的女子？是倡导自由恋爱的新女性，还是谨守三从四德的传统女性？这不禁让人好奇。检视严复的一生，这位虽不能称得上英俊潇洒但声名在外的才子，虽非处处留情之人，但亦不乏异性情缘。其首任妻子王氏、续弦朱明丽、妾室莺娘，以及忘年红颜知己吕碧城，不仅为严复的人生带来了色彩，而且还平添了几分惆怅。

严复12岁即在父母之命、媒妁之言下，娶了王氏为妻。王氏年纪与严复相仿，乃福州当地不识字的乡下女子。按照今天的标准衡量，二人的文化水平差异极大，当没有什么共同语言，婚姻亦难以持久。但即便差距很大，聚少离多，这段姻缘依然维系了26年之久，直至1892年王氏因病去世。在严复的心中，此一婚姻乃遵循中国旧法的需要，目的是“承继祀，事二亲，而延嗣续”。王氏离世后，饱受丧偶之痛的严复屡屡赋诗，或亲到墓前致祭，甚至在他本人去世的前两三个月，还为亡妻手抄《金刚经》一部，以寄托哀思。

王氏去世当年，严复纳江莺娘为妾。或许因为念着亡妻的优点，严复迎进门的依旧是一位福州乡下目不识丁、年仅13岁的女孩儿。老夫少妾年龄相差25岁，这在当时不算什么新鲜事。按常理而言，二人即使没有轰轰烈烈的爱情，也应能够平平安安地相伴一生。但是，莺娘的入门却开启了二人互相纠葛折磨的婚姻模式。据严复所言，莺娘性情极寡，脾气又极傲亢。今天我们看不到任何史料言及莺娘对此段婚姻的感受，二人难以调和的矛盾或许与严复的个人性格和此时的境遇有很大关系。按郭嵩焘、曾纪泽等人的说法，严复是个气性狂易之人。严复纳妾之初及随后几年，正处于任职于北洋水师学堂但不受李鸿章赏识的时期。如此心高气傲之人，却苦于无处施展才华，或许难免将失落情绪带回家中。两个性情孤傲的人是否犹如火星撞地球般激烈争执不得而知，但能断定二人在家庭琐事上的磕磕绊绊当属常事。这种冲撞在时隔八年严复于上海续弦朱明丽后更为激烈。

朱明丽乃受过教育的城市女子。据传闻所言，二人乃因《天演论》而结缘。其时，严复所翻译出版的《天演论》着实引起了轰动，朱明丽亦为严复的才华所倾倒。但朱明丽的入门，使这个原本就不和谐的家庭更增几多纠葛。面对这样一个后入门且一进门便被“封”作“太太”的城市女子，莺娘心态上的不平衡可想而知。女人的嫉妒心使之越发牢骚满腹。严复曾半撒娇地向妻子明丽抱怨：莺娘“一点便着，吾暗中实不知受了多少闲气。此总是前生业债，无可如何，只得眼泪往肚里流罢了”。

看到此处，我不禁暗笑，男人在外风流，常常向情人抱怨妻子冷热不知。严复却反其道而行，向妻子抱怨妾室的任性妄为。可见，严复此时对新婚妻子很在意，同时对这个妾室也很在乎，不然不会一忍再忍。续弦不久，严复即离开上海，先后在天津、安庆与北京等地任职。可能是出于缓和妻妾矛盾、维系家庭和睦的需要和经济上的考量，严复将第二任妻子留在上海，只带妾室莺娘北上。此后十年（1901—1910年），严复一直过着一种身围妾室而与妻子两地飞鸿的生活。

或许是因为严复聪明地将两个女人以空间分隔南北，莺娘的情绪似有缓和，勤谨地伺候起严复的饮食起居。至少从严复单方面的评价来看，他对此一时期莺娘的表现是较为满意的。他还曾写信叮嘱妻子到上海最大的市民公共活动场所——张园——为莺娘购买脚炉。但是，这种貌似和谐的婚姻生活终被打破。1910年，据严复所言，莺娘突发精神病，“或闭目独坐，或无故自笑，或长吁短叹”。时隔不久，两人爆发了一次激烈的争吵，起因乃莺娘执意离家。严复撂下狠话，警告莺娘：“一经出门之后，便永远不算我严家之人，一文不能接济，所有衣饰，皆我血汗银钱；所有儿女，系我儿女，上海家是我的，福州住宅是我儿媳的，皆不准住，以后西洋盘经三十二向，任汝爱往何方，吾亦不复过问。要行即便请行。”二人自此分道扬镳。即使后来莺娘回心转意，欲重修旧好，严复也断然拒绝，坚持不再与之见面。十八载姻缘，最后却落了个老死不相往来的结局，不禁令人感叹。但是，严复终究不是无情之人，每月仍付给莺娘40元，以保其衣食无忧。

江莺娘离开的那年秋天，严复将朱明丽及子女接到北京同住，自此，一直与妻子为伴。谈及朱明丽，我着实佩服她的隐忍。朱氏嫁给严复不久，便与丈夫两地分居达十年之久，基本依靠鸿雁往来交流和维系情感。虽然朱氏因各种原因，没有就近照顾丈夫的饮食起居，但是她一直兢兢业业地扮演着好妻子的角色，也一直是严复精神上和生活上的重要支柱。当严复与莺娘闹矛盾时，她充当了严复的倾诉对象。当严复缺衣少食，尤其是缺少鸦片时，她适时地为远方的丈夫寄去一应物件。牵挂着远方丈夫的同时，她还在上海经营着黄包车行的生意。坚韧与隐忍在她的身上体现得淋漓尽致，真可谓“上得厅堂，下得厨房”。然而，虽然严复竭力做到一碗水端平，妻妾之间的矛盾仍然愈积愈深，或者说，再有容人雅量的女子也有拈酸蘸醋的时候。朱明丽便曾因严复只给莺娘的孩子寄西洋参而抱怨严复偏心。此事致使严复专门书信，费心解释自己绝无偏袒之心，并一再劝说妻子作为太太应做出榜样，与莺娘之间应“格外和好，互相保重”。

夹在妻妾之间两头受气的严复着实可怜。但是，从另一个角度而言，严复其实一直以传统的眼光审视着自己的妻妾，无论是念及亡妻的贤惠，抑或是厌倦莺娘的傲慢，又或是叮嘱朱氏妻妾相处之道，均离不开传统社会“三从四德”的衡量标准。在他的眼中，夫为主，妻妾为从。但凡进了严氏的家门，自然凡事应受他的调度，即便十分想做之事，也必须先和他商量，“心甘意允，自然可行”，而一切经费亦当代为接济。总体而言，相夫教子，管束仆佣，习家常烹饪，便是严复对妻妾的期望和要求，同时也是他对自己女儿进行教育的核心内容。这二妻一妾共为严复诞下五男四女，王氏只生育了长子严璩，偏房莺娘育有二男一女，分别是二子严瓛、三子严琥和长女严瑸，继室朱明丽则生有二子三女，分别是四子严璿、五子严玷、二女严璆、三女严珑和四女严项。在严复的管教之下，严家的兄弟姐妹虽非一母所生，但相处和睦，其乐融融。

与严复成为忘年之交的一位异性是他的学生吕碧城。碧城在英华所创《大公报》任助理编辑。二者因英华而结识，虽然年龄相差近30岁，但初一见面便相谈甚欢，此后又常常就《名学浅说》的翻译、讲解等事见面或书信交谈。严复不仅欣赏她，而且十分关心这个晚辈的婚事，深以无人赏识碧城为憾。曾有学者结合吕碧城终身未嫁的事实，从严复写给碧城的诗句，加以大胆的揣测，认为师生之间或许萌生情愫，只不过碍于礼法，未曾逾越。不管具体情形如何，吕碧城的出现及其对女子教育的热忱，可能直接影响了严复对女子教育的态度。二者相交在1906年前后，在此之前，严复对于女学并不上心。但是，大约从1906年开始，他积极提倡女子教育，认为“中国不开民智、进人格，则亦已耳。必欲为根本之图，舍女学无下手处”。

综观当时严复的异性情缘和婚姻观，二妻一妾一红颜，交织构成了严复的姻缘世界。其中的爱恋与纠葛、爱恨与情仇恐怕唯有当事者才能真正体味。在夫妻角色的期望上，严复夫主妇从的思想根深蒂固，贯彻始终。同时，这位以倡导自由主义著称的才子，始终反对婚姻自由，而秉持着“父母之命，媒妁之言”的传统法则。

第三节　中西交锋，婚约流产

严复长女严璸的婚约，可谓西学东渐过程中中西婚俗的一场激烈的交战。这是一段严复与严璸曾经的未婚夫的故事。之所以不是严璸和她曾经的未婚夫的故事，乃因为这男女主角自确立婚约到解除婚约根本没打过照面，反而是严复和他的准女婿之间为了严璸有几封书信往来。

1918年，严璸19岁，正是如花似玉的年龄，而此时的严复已经是一位65岁的老人。长女待字闺中，三子严琥亦未婚配。儿女的婚事成了老人心头最重要的牵挂。严复的至交熊锡育有心与严家联姻，属意为自己的侄子熊正瑾与严璸牵线做媒。熊正瑾，字洛生，与严璸年纪相仿，乃熊育锃的长子，熊家年青一辈的才子。他自幼聪慧勤奋，13岁便进入清华学堂（现清华大学）留美预备班。

此时，熊家富名在外，内里实则捉襟见肘。为免严家女孩儿入门后嫌弃家贫，熊家长辈还特意向严复修书一封，据实以告，足见诚意。熊锡育亦兴冲冲开具了熊正瑾的家世齿录。虽然此事还未落定，但两家长辈有心结这秦晋之好。按照中国传统“父母之命，媒妁之言”的礼俗，父辈们既然有此意向，晚辈本不该提出异议。谁知，一听闻叔叔给自己做媒，这位浸润西风良久、思想开放的年轻人即刻便以求学为由，拒绝了熊、严两家长辈的美意。

听闻熊正瑾一心向学，无意订婚，严复虽然没有明说什么，但是心中自然不快。自己的女儿，自己当宝贝一样疼爱着，熊家长辈求娶在先，反遭熊家晚辈拒绝。拒婚理由在严复看来亦是不可思议的事情。虽然严复还不至于将此事迁怒到熊锡育身上，仍旧与其频繁鸿雁往来，但是，严复在信中不免对彼时讲究新学、奉行迟婚主义的少年极尽讽刺挖苦，痛斥婚姻自由种种弊端。

在严复看来，中国早婚之俗，诚然有其弊端。但是，所谓奉行迟婚主义，看似改良旧法，实际上仍对西方婚俗一知半解。这些少年之所以不肯听从父母的安排，而主张迟婚，不外乎这样几个原因：第一，以拒绝之姿态，抵抗父母，夺其旧权。第二，心醉欧风，希望在步入婚姻之前，能够观察对方姿容美恶，试探其性情人品，以为这就是自由结婚。第三，以军国民自居，视娶妻续嗣为累赘，又不甘心以一女子为终身伴侣，暗思：待他日学成，功成名就，何愁没有莺莺燕燕围绕？何必现在就为一人所牵绊，日日为柴米油盐酱醋茶等俗事所苦恼呢？因此，他们不仅崇尚晚婚，还乐意保持单身。观中国数千年之礼俗，男子娶妻乃承祭祀、事二亲、延嗣续之至重，而西方婚姻则只关乎恋爱肉欲。两相比较，究竟何法近于禽兽？人们只见到旧法之弊，以为全盘西化便可以根除弊旧。但是，世间一切法，都有其弊端。古礼不可轻议，旧法虽有弊端，但若完全倒向新法，不加节制，反而比旧法更有害。

严复的一席话，看似批判彼时的中国少年，实际上对熊家也含有一丝嘲讽之意。严家家教甚严，在严复眼中，妻妾子女均应听其调度。熊家小儿拒婚，岂非熊家长辈管教无方？所谓崇尚婚姻自由，实际上只不过是对中西方文化礼俗内涵的一知半解。而所谓一心向学，难道真没有其他不愿为外人所知的理由？

熊锡育写给严复的回信今不可见，无法得知当时熊家的反应。但可以想象，任谁接到这样一封嘲弄味十足的信都不会痛快。不久之后，不知是不是伴有熊家两代人激烈的家族纷争，也可能因熊锡育从中调解，又或者因为结婚对象是久负盛名的严复的女儿，熊正瑾回心转意，答应遵从熊家长辈的安排。

于是，一方是一心追求婚姻自由，不愿为老一辈规矩所束缚的年轻学子，一方是遵循传统，反感西方婚俗的长辈，在那个中西文化激烈冲突的时代，两代人思想观念的交锋，以后者暂时“胜出”为第一回合结果。

既然男主角已经点头，熊家便再次与严家商议儿女亲事。针对熊家的顾虑，严复去信一方面强调严家“嫁女娶妇，固不论财”，另一方面表示事关儿女终身，需得全家商议。同时，这位父亲不免充满骄傲地褒扬了自己的女儿：严璸从小生活朴素，不喜胭脂水粉、珠玉珍宝，虽有婢妪伺候，但亦会亲自操持家务，只是听旁人劝她年轻人不亦过于朴素，这才稍施粉黛，料想他日嫁做人妇，即便夫家有亿万家财，亦能燕处超然。她不是嫌贫爱富之人，同时又懂得治生之道，常常规劝诸位弟弟以治生为本，且向来喜爱整洁，厌恶铺张浪费。更重要的是，这些均是女儿天性使然，并非为父或家师后天所教。可见，在严复的眼中，自己的女儿实在是一位自小衣食无忧，但并不贪慕虚荣，具有传统女性优点，“上得厅堂，下得厨房”的优秀女孩。

得知严复的意愿后，按照中国传统订婚习俗，男方寄来庚帖。为了进一步帮自己的女儿把关，严复不仅派长子严璩邀请孙宝琦出面，与熊正瑾小聚，以表郑重，而且还面见了熊正瑾的弟弟熊冰。文质彬彬的熊冰给严复留下了极好的印象，熊冰自言哥哥才学在其之上，则更令严复期待目睹熊正瑾本人的风采。对于熊家提出的待熊正瑾游学归国后再完婚的提议，严复亦无异议。但是，严复真正点头还是见过熊正瑾之后。熊正瑾先是给严复修书一封，展现了扎实的英文功底，又在熊冰的陪同下专门拜访了这位未来的岳丈。严复起初对这位上进的年轻人还是比较满意的，痛快地答应了这门亲事。他依俗礼将严琸照片和生辰八字交给男方，以便定期过帖，并与熊家约定待熊正瑾学成归国后，再为两个年轻人完婚。

但是，没过多久，对繁文缛节的厌烦以及对爱情的渴望，使熊正瑾这颗年轻的心又萌动起来。也许因与严复相交甚欢，熊正瑾天真地以为严复肯定是位开明的父亲，于是，他大胆地向严复提出，希望遵照西法与严琸先行见面，待确定两人实属两情相悦，再订婚约。熊正瑾的要求当然不可能实现，他错估了严复对中西方文化的态度，更严重地低估了一位父亲保护女儿的决心。

严复不仅明确拒绝了熊正瑾，而且在给熊锡育的信中，严词表明了自己决绝的态度。在严复看来，先熟后婚乃西方风俗，与旧礼不合，西俗之下，离婚概率仍然很高。因此，好合之情与此风俗并无关系，反之，依循中国古礼，遵照“父母之命，媒妁之言”，婚前从未见面却能相守一生的夫妻则比比皆是。倘若二人见面，情投意合，岂非多此一举？但若见面后，情谊不成，则平白惹得外人非议，于严、熊两家均极为不利。而且，中国虽然移风易俗，但是良家女子仍遵守旧法，不会轻易与少年男子见面。如今告诉她，这是你的未定之夫，先来看看你是否合适，再决定是否与你订婚，倘若是你熊家女儿，可愿别人如此待她？严复明确告知好友，中西国俗不同，若令侄仍一意孤行，前议悉数作罢，换言之，儿女亲家一事就此作罢，不必再议。最后则以“复顿首”而非平时惯用“复白”结尾，可见严复激动、愤慨之情。

可以想见，在这位父亲眼中，熊家这位年轻人颇有些欺人太甚、自视甚高。严复有一句话说得很对：“此事出诸无意可，出诸有心难。”正如俗语所说：“有心栽花花不成，无心插柳柳成荫。”熊正瑾的要求颇有些类似今天的相亲。倘若二人自然相识在清华园，也许凭二人的才学人品，自然成就一段佳话。但是，在特定目的下，彼此不免拘谨且带着挑剔的眼光审视对方，况且，此时两家不仅为这桩儿女婚事多番鸿雁往来，而且已经交换生辰八字，只差最后一道订婚手续——过庚。换作任何一位父亲，恐怕都不能容忍自己的女儿中途被人拒绝。

于是，两代人在恋爱、婚姻观念上的第二次交锋，以熊正瑾再次败北而告终。8月14日，在熊锡育的撮合下，熊正瑾与严瑸遵照传统风俗，缔结婚约，随即赴美留学。此时，严复对这位女婿颇有些担心。一方面，在严复眼中，既然双方订婚，那女儿便已是熊家新妇，作为岳丈，他自然希望女婿学业有成，将来报效祖国；另一方面，他又担心熊正瑾出国以后，沾染洋气更重，而将中国旧有教化文明全部抹杀。但因二人交往不多，难免生疏，这些话不好直与熊正瑾言说，只能在给熊锡育的信中提上几句，希望借其叔父之口，劝上一二。

无论如何，严复对这位准女婿还是颇为挂怀的。从1918年到1920年间，严复曾前后三次在信中询问熊正瑾的消息："洛生在美，当有信否？甚念甚念。""洛生在美想家，时时有竹报否？甚为念之。""洛生今年回国否？何时当回？"由此可见，熊正瑾出洋后的几年，严复和他之间几乎没有书信往来，相关消息还是从熊锡育处得知。

不知是因在异国他乡求学备感寂寞，还是缘于与未来妻子先行培养感情的浪漫想法，抑或为了让严璸也共同受西风熏陶，又或者是已经决定长期留美深造（熊正瑾共留美十年），1920年夏天，熊正瑾在留美第三年之时，来信要求严复送严璸游美留学。严复以严璸西学根基太浅，自己体弱多病，子女们不愿意出门远行为由婉拒。实际上，严复不愿女儿出洋，还有一层原因，那就是他认为女子出洋求学只不过是一时的潮流，对于家庭和顺并无益处，反而会助长女子骄纵之气。严复的四个女儿都未曾出洋，而且，严复晚年对于子弟出洋一事愈加淡漠，认为这些争相出洋求学的少年功利心太甚。

严复既不肯，熊正瑾只得暂时作罢。1921年秋，熊正瑾旧事重提，再次来信要求严璸出国。此时，严复已有些不耐烦，他不仅以"事势有办不到者"为由，又一次拒绝了熊正瑾，而且借讽刺"中国近日少年"批评熊正瑾沾染西方习气太深，若全盘西化将来恐成为"国患"，进而又批评他用词"光怪陆离"，句读均用新文法，晦涩难懂。

信刚寄出，严复又收到熊正瑾第二封信，语气十分不客气，责怪严复固执，不肯将严琸送到美国，使两人不能相见。熊正瑾对严复发布最后通牒：若年内严琸不到美国，则婚约作废。此信言辞之激烈，内容之决绝，令严复惊诧愕然，辗转难眠。

此时，严复已病重多日，写中文、西文皆极吃力，但因此事关系女儿终身，严复力撑给熊锡育修书一封。此封信写于严复去世前11日，亦是严复此生绝笔。在他看来，女儿已经遵照婚约守候四年，如今熊正瑾竟然以严琸不出洋为理由，要挟废除婚约，然而两家订婚时并无送女出洋之说，况且女子出洋，本非易事。其一，严家财力有限，而出洋花销颇大。其二，严琸虽受中西二文良好教育，但是生性胆小，思理稍逊，可以为孝妇贤妻良母，但是却成为不了熊正瑾所希望的爱出风头的时髦女子。严复承认自己顽固，绝不能送女儿出洋，只能忍痛接受废除婚约。他深为耽误孩子终身所不安，懊悔当初没有听从严琸胞兄、三子严琥的意见，执意与熊家联姻。如果说上封回信中，严复还顾忌熊家颜面，借批“中国近日少年”暗讽熊正瑾，那么在此封回信中，严复毫不客气地引用三子对熊正瑾的评价“神经颇乖错，而又专好时趋，不知旧法为何物”，直言熊正瑾为“神经清冷”之人。彻底寒心的严复更加决绝表示不再复缄，亦不必再来信，以彻底了断此段婚事。

最终，严琸的婚事一波三折，终被耽误，这恐怕是严复去世前最大的遗憾和牵挂，想来令人哀伤。而熊正瑾所发起的第三次挑战，以废弃婚约而告终。在这场两代人的思想交锋中，没有赢家，“两败俱伤”，亦无法衡量孰是孰非，徒留一段忧伤的记忆。

第四节 兄友弟恭，缺一不可

严璩记得，9岁之前，他的世界里只有母亲（严复的第一任妻子王夫人）、祖母和几位姑姑，父亲只是那个偶尔回家的男子和一个模糊的背影。母亲要照顾祖母、维持全家生计，很是辛苦。直到全家北上，与父亲一家团圆，生活才渐渐好起来。可是，好景不长，仅过了又一个9年，在他18岁那年，母亲就因病永远离开了他。

民国10年（1921年）五月二十二日，又是母亲忌日。虽然距离母亲去世已将近30年，严璩自己也年将天命，但是每年这个时候，严璩仍不免时时想起那双牵着自己走路的双手，那个在烛光下为自己缝补衣服的孱弱身影，以及种种原本觉得厌烦的细声叮咛。

“一年了，是该去佛前为母亲祈一祈福了。但是，岁月不饶人哪，将近五十，体力是有些跟不上了。既然四弟、五弟在家，那今年便让四弟代劳吧。”严璩如此想着。“季将啊，母亲忌日快到了，哥哥最近实有不便，正好你在家，便替我跑一趟寺庙，在佛前为母亲祈福吧。父亲前段时间还说过要为母亲手抄《金刚经》，等收到后，你一并代我在佛前吟诵给母亲听吧。”“大哥，我不想去！”听了大哥的前半句话，严璿便猜到了大哥的意图，每年这个时候，大哥都会去寺院烧香拜佛，现在都什么年代了，还搞迷信这一套，没想到今年居然还想让他去。

“你说什么？”严璩愕然道。他原以为四弟会一口答应，未曾料到是这样的回答。

“你这是迷信！”严璿涨红了脸。从小到大，他还没有如此顶撞过大哥，今天却是破例了。

“祭祀先人，是中国的传统礼俗，怎么是迷信？”严璩不解，亦有些愤怒，亡母的忌日，弟弟竟这般不懂事。“就是迷信！”一旁的小弟严玷亦随声附和道，稚嫩的脸庞亦是一脸坚定。“是啊，要去你自己去，反正我们不去！”屋内一时之间鸦雀无声，严珑和严顼两姐妹左看看一脸怒气的大哥，右看看涨红脸的严璿和严玷，面面相觑，不敢言语。严璩愣了半天，长长地叹了一口气：“罢了，还是我自己去吧！”弟弟们大了，有自己的想法，况且，总非一母所生，很多事不好多说，严璩如此想着，甩开大步便回了房间，留下隐有不安的弟弟妹妹们。当天夜里，严璩辗转反侧，终于忍不住提笔向父亲一吐心中郁闷。但是，碍于兄弟情分，弟弟们说的那些令他伤心的话，他只用“无谓语言”一笔带过。

不久，严璿、严珑、严顼、严玷便收到了父亲寄来的严厉的批评信，其言辞之激烈是严复家书中所不具有的。在严复眼中，长幼尊卑不可乱，幼弟目无尊长，实属大逆不道。他早就听闻严璿等人反对迷信之言论，因而对严璿的批评尤为激烈："虽然我不知道你们让大哥伤心的话具体是什么，但若你们真的曾将大哥祭拜亡母之事，说成是迷信，那着实该打！迷信事小，但弟弟伤害兄长感情，却是大逆不道。俗话说：'长兄为父，长嫂为母。''父有长子，称曰家督。'我不在家，大哥便是严家一家之主，你们怎么可以不听他的话？况且，大哥将近天命之年，做你们的父亲都绰绰有余了。嫡母忌日，让你代劳拜佛，你因不信宗教，或是其他原因，而露不悦之色，更说些让大哥伤心的话，岂非该死？"

与此同时，严复也对长子的让步十分失望。他认为友爱兄弟固然没错，但是身为长子与家督，更应当有一家之主的威严和担当。他多少猜到了严璩容忍不言的原因，便在信中公开批评长子："看到弟弟们如此这般不像话，便应当叫到跟前来，劈面大骂，扎实教训一番。这才是家督应有的样子，现如今，你却隐忍不言，致使骨肉亲情掺杂了人情世故。"

在中国传统家庭生活中，一家之长的权威不容许践踏，长幼尊卑的家庭伦理关系亦不容许错乱。但是，随着社会平等核心理念的引入，中国家庭内部的伦理关系渐渐发生了改变。从某种意义而言，严璿、严玷等人对大哥祭拜亡母的质疑，实际上是对家督权威的挑战。而严璩对四弟、五弟的隐忍，也折射出家督权威地位的丧失。这种改变对于重视长幼尊卑的严复来说，是无法容忍的。在他看来，长幼有序乃是家庭和睦必不可少的重要因素。与此同时，家长也应懂得如何处理家庭成员之间的矛盾。有一次，严复家老三严琥与严复的外甥女何纫兰大吵了一架。了解事情原委后，严复不仅将儿子狠狠批了一顿，而且告诫妻子朱明丽：应拿出家长的权威及时劝阻，不能由着小孩子的性子，平时也应避免在孩子面前说长道短，以免其日后更加难以管教。父慈子孝、兄友弟恭是以严复为代表的传统中国人美好的愿望，直至今日，“家和万事兴”仍然是中国家庭中最为重要的训教之一。

第五节　提携族辈，互助繁荣

在小农经济社会中，家庭是社会的基本细胞，是个体生存的主要庇佑所。同时，中国人的社会交往活动并不局限于家庭，而是沿亲属差序向外扩展到家族甚至乡党范围。作为中国乡村社会的基本社群，大家族往往具有政治、经济等复杂的功能。家族范围内的每个家庭，以及每个个体共同肩负着本族的兴衰荣辱，可谓一荣俱荣，一损俱损。因此，族人之间的守望相助、有无相通，便作为家族门风的文化基因，传承到后世家族成员的深层意识中，成为凝聚家族力量、维护家族兴旺发达的重要保障。

家庭内部的代际互助和手足互助是最为常见的互助方式。遵循孝道伦理，父母有抚育子女的义务，子孙有赡养老人的责任，手足之间则在成年之后在教育、劳动等重要事件中互相提供支持。因此，在家训之中，孝顺父母、友和兄弟乃最普遍的训教。除此之外，家族互助和乡邻互助亦是传统家训强调的道德规范和处世原则，主要表现在经济施与、人才培养等方面。直接的经济施与范围极广，涵盖了生、老、病、死等方方面面。在家训史上，有的家族还将代抚养无依无靠的亲戚幼子作为家族成员必须履行的经济义务。有的还明确规定，若遇故意推诿之家，即由族长会众禀官，施以惩戒。

严复虽非严氏一族之长，但同样是个家族意识非常强的人。他一生都和严观涛、严观澜等几位堂兄弟、族兄弟，以及严伯鋆、严家理、严培南等侄辈保持着良好的关系。或许是兄弟之间的一声问候和关怀，或许是对子侄的一句教导和嘱托，严复时刻用心维系着严家的团结和荣誉，关心着严家子弟的生活与成长。

1919年夏，严复在上海接到族弟严传澜（小名团团）病逝的消息，痛惜万分。严传澜曾任长江南北岸炮台台长，为人着实干练笃实。严复多年不在福州，凡家乡之事，托严传澜出力最多，特别是1918年回闽为三子严琥完婚时，多亏有他内外打点照应。没想到才短短一年，便已阴阳两隔，这令严复唏嘘不已。

严传澜病逝前，海军已拖薪欠饷多月。为了给他治病，其家中不仅花光了所有积蓄，还欠了一屁股外债。按照军方规定，严传澜离世后，其家人本可领取一笔抚恤金。此时，严传澜的儿子严家理仅是8岁小儿。这孤儿寡母几番讨要，军方都不了了之。正所谓“屋漏偏逢连夜雨”，严传澜病逝的消息一传开，债主们生怕借出去的钱财打了水漂，纷纷前来逼债。他们隔三岔五便上门向一个弱小的女子索债，不仅抢光了严家所有值钱的物件，而且多番出言羞辱，甚至把他们告上了法庭。严家理的母亲日日担惊受怕，以泪洗面，甚至几次企图自杀，但是为了年幼的儿子，她又坚强地忍了下来，苦苦支撑着。

1920年10月，严复回闽定居。他牵挂着严传澜家人，召唤严家理前来问话，一问才知，族弟的家人境况竟如此悲惨，不禁老泪纵横，自责不已。他当即修书一封，命严琥面呈当时的福建督军李厚基，请其查明情况，发放应领薪俸、抚恤金。李厚基接信后，当即派专人将所欠薪水、抚恤金送交严家理的母亲，以解燃眉之急。

中国人深信，玉不琢不成器，君子不学无以成道。因此，中国传统家族特别重视对本族子弟的教育。若天纵奇才，却因家贫而丧失受教机会，实为可惜。因此，世家大族普遍设立义学，以资助族内贫困子弟入学。范仲淹设立义学，邀请有功名的族人承担教育子弟的职责。五代钱镠一脉留有《钱氏家训》，力倡崇文重学的家风，并明确规定部分义田所得必须充任教育经费，以保证钱氏子弟受教育的机会。钱穆、钱伟长等钱氏后人，便是在家族资助下完成学业的。

严复也是如此。严复在家乡福州度过了人生最后两年，在闽期间，他始终尽自己所能，以自己的方式关怀着严氏子弟。他怜悯体恤孤寡，但对有力却懒惰的乞丐、流氓之流深恶痛绝。因此，他十分严肃地告诫严家子弟：一定要自力更生，绝不可成为不务正业、游手好闲的“国之惰民”。

严复还特别乐意提携晚辈，尤其注重引导其读书成才。帮助严家理家还清债务后，严复曾两次过问严家理的课业。许多年以后，当年那个不满10岁的孩子，还深深地记得严复在烟榻之上教他读王勃的《滕王阁序》时的情景。眼见这个勤奋聪颖的孩子着实可怜，严复便决定有朝一日回京后将之带在身边，悉心培养。

“伯伯有一个小儿子，叫严玷，比你大一岁。你可愿意以后随我回北京，和他一起读书？”“我愿意。”经历了父亲早逝、债主逼债的孩童一脸坚定。虽然他稚气未脱，还不清楚北京在哪里，但是，从母亲和许多叔叔、伯伯那里，他早已听说，就是这位伯伯救了他们一家，让母亲脸上不再堆满泪水。以前，父母亲便要求他好好读书，但是家里早已没钱供他读书。如今伯伯可以让他再次读书，去哪里他都愿意的。于是，这一老一小就此订下约定。

可惜1921年10月，严复便撒手人寰，未能实现亲自带严家理北上的愿望。但是，严复一直牵挂着这位小族侄和他们的约定，临终留下遗训，要求长子严璩代他遵守承诺。于是，1922年，严璩按照父亲遗命，将刚满11岁的小家理接到北京读书，并负责他的全部生活。勤奋的严家理没有辜负父亲和伯伯严复生前的期望，1932年顺利考入北京大学，1936年毕业后回福建，先后在省银行和政府任职，1945年去台湾，1948年又回福州，1950年起先后在福建学院、厦门大学经济系任职。

严复的族侄严培南（君潜）则是严复早年带出福州并悉心栽培的严家子弟。那个时候，严复还在天津北洋水师学堂任职，见严培南聪颖过人，便将他带到天津读书。严复对这个侄子十分满意，为他的人生规划好了教师之路。因此，严培南1895年从驾驶班毕业后没有被分派到海军任职，而是经严复推荐，到北京通艺学堂担任英文教习。1912年，严复任北京大学首任校长时又聘他为数学系教授。

无论是在严复身边多年的严培南，还是与严复仅有几面之缘的严家理，他们均是幸运的。可以说，严复不仅是他们生活中的贵人，更是他们学业上的指路人。正是因为有严复的资助，严培南才得以由军界跨到教育界；严家理才得以继续学业，有自己的一番成绩。严氏族辈之间的提携和激励，充满了温情。这份代代相传的家族荣誉感、责任感和使命感，既是中国几千年来家族互助传统的体现，又维系和保障了严氏家族绵延不绝，人才辈出。

第六节 持守中道，宽待他人

“五四”以后，近代科学与宗教的交锋进入白热化阶段。年青一代受科学与民主新思想的影响，对于鬼神一事尤其敏感。严璿一些过激的行为，如反对祭祀大哥的亡母等，均是此种表现。这引起了严复强烈的反感。

在严复眼中，尊重他人信仰是一种宽容。何谓宽容？宽容是一种宽广的胸怀。法国著名作家雨果曾说过：“世界上最宽阔的是海洋，比海洋更宽阔的是天空，比天空更宽阔的是人的胸怀。”爱因斯坦则认为：“宽容意味着尊重别人的任何信念。”所谓“宰相肚里能撑船”，便是能容许他人有不同意见，而非一味排斥，剪除异己。蔺相如三让廉颇，诸葛亮七擒孟获，均是这个道理。

宽待他人、尊重他人信仰是持守中道的人生智慧和生活艺术。《礼记》有云：“执其两端，用其中于民。”中国的先哲们强调要从正反两个方面考察事物，再采取不偏不倚的态度做事。中庸之道可用于治国。舜帝曾以“允执厥中”告诫大禹，唯有秉行中正之道，才能治理好国家。中庸之道也体现在日常生活之中。欹器，是古代一种盛水的器物。注入一半水时，欹器刚好垂直悬挂，注满水时，此物会顷刻间将全部的水倒出，恢复空空如也的状态。评价生活中的人与事，也是如此。“执中”才能秉持公平之心，才不会为一时的好恶所左右。

宽待他人，其实就是善待自己。给别人一点宽容，就给自己多了一点空间。以宽容的心态对待身边的亲人、朋友甚至陌生人，其实就是给自己的人生造就一片广阔的天空。“月满则亏，水满则溢”说的都是过犹不及的道理。在严复看来，儿子的种种激进行为恰恰是过犹不及的极端行径。世间任何事情皆有两面，恰如公说公有理，婆说婆有理。如果做不到宽待他人，反而唯我独尊，对任何事物都各执一词，不肯相让，必然积怨更深。因此，严复十分担忧儿子极端的思维方式会让他在社会上到处碰钉子。但是，他又心知这种自以为是的思维方式和处世原则只能随着年龄的增长、人生阅历的丰富而逐渐消失。因此，明镜如他也无可奈何。

这种极端的思维方式也同个人见识短浅密切相关。在严复眼中，年轻人只不过在学校学了一点算数之类的新知识，便认为只有新科学知识才是天下至理，其余皆为迷信无稽之事，甚至狂妄地以为“整个世界都在我的手中”，这实在是一种褊狭理解。

严复对于宗教的看法，其实与今天“宗教信仰自由”的政策有异曲同工之妙。公民有信仰宗教的自由，也有不信仰宗教的自由。凡在法律和政策允许范围内进行的宗教活动都受到政府有关部门的保护。这种宽容既是出于对信仰者的尊重，也是基于对宗教本身的理性认识。与科学关注客观世界不同，宗教关注的是主观世界。在科学的范畴内，对客观世界规律的认识尚可以统一。但是，在宗教的范畴内，对主观世界的认识则是见仁见智的。不同宗教之间所建立的逻辑是自发的，很难判断孰是孰非。既然没有统一的判定标准，解决争端的唯一的文明的方式便是和平相处，互相尊重，否则只能陷入无穷无尽的争执之中。

持守中道还是做人应掌握的一种分寸。俗话说："水至清则无鱼，人至察则无徒。"《菜根谭》则说"持身不可太皎洁，一切侮辱要纳得"。即便在文学创作上，中国古人亦倡导"乐而不淫，哀而不伤"。由此可见，如同一个好厨师必须掌握好火候，做人、作诗亦须拿捏好分寸。不过，在爱情的世界里，人们往往很难秉持中庸之道。人们常说："情人眼里出西施。"当爱情降临的时候，你眼中的他是完美无缺的。但是，一旦爱情消失，你眼中的他可能瞬间变得一文不值。与此同时，人们总以为自己的爱人应该更加理解和包容自己。这种情感的需要往往随着爱情岁月的增加而升温，当双方都如此认知时，矛盾便可能逐步升级。你指责我不够温柔，我指责你不够体贴。倘若彼此心中没有一台天平，谁都不肯让步，结局只能是不欢而散。

"海纳百川，有容乃大。"只有成为一个宽容的人，才能拥有一片广阔的天空，而宽待他人的前提和方法则是持守中道。持守中道，便意味着不以自己的标准衡量世间一切事，不将自己的意志强加在别人身上；便意味着既不可一味保守，又不可肆意放纵。保守易趋向落后，激进则近乎暴力。在生活中，即便是朋友之间开玩笑也要掌握分寸。"过犹不及"，治国如此，治家亦如此。这就是生活中的中庸之道。

第七节　做人分量，不易圆满

人是渺小的，人生是短暂的。庄子云：“吾生也有涯，而知也无涯。以有涯随无涯，殆已！”以有限的人生追求无限的知识，岂非一种自我折磨？其过程必然痛苦，其结果必然失败。但是，像庄子这样如此通透的人毕竟是少数。芸芸众生莫不在庸庸碌碌中追寻着，你我都不能免俗，严复也是如此。这位心高气傲的才子，渴望成为一名谋士，渴望在政坛上一展拳脚，但终其一生，都因不得志而郁郁寡欢。在临终之时，他似乎终于明白了人生真谛，而留下“做人分量，不易圆满”的遗训。

何为圆满？是名利双收，达到事业的高峰，还是儿女双全，安享天伦之乐？是陶醉于万人敬仰，还是享受于默默无闻？实际上，圆满本身即是一种虚妄，是人生永远无法企及之欲念。但是，芸芸众生莫不执念于此。在物欲横流的时代，有些人不断给自己施压，不断树立着貌似宏伟远大的目标，不断追寻着自以为值得拥有，实际生不带来、死不带去的精神枷锁。于是，他们不断地为得到而快乐，为失去而痛苦，为不可得而纠结，为别人得到、自己没有而愤怒，为拥有别人所不可得而骄傲。这种快乐、痛苦、纠结、愤怒与骄傲，与其评价为人生五味，不如承认其实是一种贪心，是占有欲望的急剧膨胀。

既然圆满乃是遥不可及的虚幻，那么唯有懂得放下才是人生之大智慧。即便有可能达成圆满，也不必执念于追求圆满。佛家讲“舍得，舍得，有舍才有得”。舍得之道，乃是一种淡然的处世之道。人生在世，难免有这样或那样的遗憾。或许本来唾手可得，突然之间化为乌有，又或许人生的高楼大厦顷刻倒塌。或许是失去了一次调薪的机会，或许是登顶泰山后却没看到期盼中的日出，或许是与自己的家人相隔万里饱受相思之苦，又或许是在人生的岔路口久久不能做出选择。因此，对于人生缺憾之事，莫不如一切淡然处之。

严复早就懂得这个道理。1901年，严复的外甥女何纫兰不幸小产，勾起了严复的伤心事。严复的妹妹、何纫兰的母亲，当年便是因小产而病逝，只留下这么一个女儿。因此，严复对这个外甥女格外疼爱，在其3岁时便将她带到天津抚养，自此视如己出。1900年，经严复与其同乡及同班同学叶祖珪的撮合，何纫兰嫁给了叶祖珪的侄儿叶可梁（字肖鹤）。但是，何纫兰婚后与公婆的关系并不和谐，因而写信向舅父抱怨。在严复眼中，外甥女公婆家虽是书香门第，但均是守旧之人，依外甥女的脾气秉性不免在婆家受罪。他心疼何纫兰是出了名的，即便如此，他也没有一味“护短”，仍然告诉自己的外甥女“人生世间，任所遭何如，皆有所苦，泰然处之可耳”。

泰然自若还意味着有容人之量。这说起来容易，做起来却很难。时隔八年，何纫兰又与丈夫起了争执。他们新婚不久，叶可梁便于1905年赴美国康奈尔大学读书，直至1909年获得硕士学位。此时，何纫兰尚在上海中西女塾读书。夫妻二人相隔大洋，已有四年未见，思念之情尤甚。小夫妻本来已经约好，待叶可梁游历欧洲后，二人先在上海相会，再共同回闽，拜见家人。但是，叶可梁的母亲执意要儿子直接回福州安葬父亲。一边是年长的母亲，一边是新婚的妻子，思来想去，孝顺的叶可梁最终没有忤逆母亲的意愿，途经香港直接回到了福州。这使何纫兰极为恼怒，盼了四年，本想一解相思之苦，没想到丈夫竟然失约，撇开自己独自回闽。再一次，她将自己所受之气一股脑儿写进了给舅父的家书中。

这一次，严复站在了甥婿一边。他认为叶可梁虽然没有遵守信约，但是情有可原。叶父逝世时，恰逢叶可梁在美读书，父子未能见上最后一面便从此阴阳两隔。这始终是叶家人的遗憾。因此，得知儿子马上要回国的消息，叶母便张罗起重新开吊之事。她热切地等待着儿子回家后到丈夫的坟头上一炷香，补尽人子孝道。在严复看来，遵循礼法、谨守孝道本就理所应当，而为了遵守与妻子的约定，先行绕道上海，即便妻子是严复最疼爱的外甥女，也委实不妥。不过，即使如此，严复仍然以温柔的态度开导这个不懂事的外甥女，让她“放开眼孔，打开度量”。他告诫何纫兰一定要体谅自己的丈夫，而不能争一时之长短；一定要有容人之量，而不能以自己的标准衡量家人。这才是夫妻、家人相处之道。

人是群体的动物。身处这人世间，每个人都面临着如何处理与他人关系的问题。《论语》有云：“己欲立而立人，己欲达而达人。”孔子告诫世人在实现自我的同时，要懂得与他人和谐相处，避免因一己私利而伤害他人利益。立人达己是一种双赢。从某种意义而言，“双赢”的同义词是“让步”。若一味执念于追求自己的圆满，而让他人痛苦，最终还是会伤到自己。因此，“做人分量，不易圆满”既是对人生不可能圆满的一种感悟，又是对他人分量的一种尊重。

放下执念才能寻求内心的一种安宁。当你不执着于圆满时，也许下一秒就能豁然开朗而遇见更美的风景。夫妻之间如此，人生亦是如此。古语云：“塞翁失马，焉知非福。”老子亦云：“祸兮福之所倚，福兮祸之所伏。”福祸相依是如此浅显的道理，但太多的当局者深陷其中而不能自拔。刘向曾经在《诫子书》中讲过“吊者在门，贺者在闾；贺者在门，吊者在闾”的故事。门，家门口；闾，里巷大门。意思是说，家有丧事之时，不必过分忧愁，很可能报喜的人已经走到了里巷口；而家有喜事之时，亦不必过于骄傲，或许前来报丧的人已经到了里巷口。有一句谚语叫“公道自在人心”，正如人生的得与失其实往往在自己的一念之间。

第八节 谨言慎行，低调做人

严复天资聪颖、才华横溢，但为人耿直清高，颇有狂傲之气。郭嵩焘当年赞扬他时，便为他狂易的气性担心。但是，年轻的严复对于“满招损，谦受益”这个浅显的道理，一直不以为意。正因如此，锋芒毕露的他曾得罪了不少人，直至晚年，他才明白其中深意。正所谓“高处不胜寒”，站在风口浪尖上的人物必然要承受更多的压力，更需谨言慎行，低调做人。

光绪三十一年（1905年），严复长子严璩任广东省电政监督时，曾希望在福建老家多待几个月，而让一位叫福田的副手代其北上，条陈事务。在严复看来，此事极为不妥。他告诫儿子：“也许在你看来此事是给福田面子，自己宁居人后，确实高尚。但是，京城人却不会这么想，只会认为你为人傲慢，做事不亲力亲为，反而让他人代劳。”想当初，他自己做事率性而为，便给自己带来了无穷后患，如今后悔不已。因此，他不愿儿子重蹈他的覆辙，而要他多学一点人情世故，说话办事谨言慎行，既不能媚世乞怜、阿谀奉承，又不能孤傲高亢、特立独行。可见，此时的严复比年轻时要智慧、圆滑得多。

谨言慎行还意味着少发议论。四子严璿刚去唐山工业专门学校读书时，严复便嘱咐他："人前以多见闻默识，而少发议论为佳；至臧否人物，尤宜谨慎也。" 这种谨言慎行，既是一种避免以自己的标准衡量他人的谦卑态度，又是一种对他人言行品德的尊重。

传统中国人相信言多必失。"一言兴邦，一言丧邦"也是这个道理。如果不加分寸，妄自非议，还可能引来杀身之祸。三国时期魏国的杨修聪明绝顶，但是极好卖弄。如果说他将曹操的"一合酥"解释为"一人一口酥"尚有些机智幽默，成功引起了曹操的注意，或者只是导致曹操对他的反感，那么他口无遮拦地道破曹操"鸡肋"之意义，最终落得斩首示众的下场，则纯属聪明反被聪明误。

这些年有一句流行语叫"做人要低调"。《菜根谭》中则说君子"宁默毋躁，宁拙毋巧"，指的是有修养的君子宁肯沉默寡言，也不会随便乱说。君子所言一定是经过深思熟虑的，这样才能掷地有声。

谨言慎行，还意味着具有理性的思维和独立的判断，而不人云亦云、冒进盲从。严复希望子孙后代都能胸怀天下，但是他所认同的济世以勤勉向学和独立思考为前提。对于以胸怀天下为名，行扰乱天下之实的行为，他唯恐避之不及。1919年五四运动爆发，严复虽感叹学生有救国之心，但并不认同学生的这种激进行为。在他看来，学生第一要务是学习，并非参与政治斗争，且自古学生干政，从东汉太学到南宋陈东，都无良效，何况今日！东汉时期，太学生曾有过几次慷慨激昂的集体请愿。冀州刺史朱穆因打击宦官势力而被治罪，刘陶等数千太学生为救他而上书请愿。议郎皇甫规因拒绝贿赂当权宦官遭诬陷获罪，张凤等三百余太学生集会请求赦免皇甫规。当时的皇帝汉桓帝答应了太学生的请求。但是，汉灵帝时期，因一封斥责宦官专权的匿名书，数千名太学生遭到搜捕。陈东则是宋代学生爱国运动领袖。他以一介书生的身份扳倒六位重臣，因而名满天下。但是，他所罗列的罪名证据并不充分，甚至有的还是莫须有的。后来，他被宋高宗以“妄议国事”之罪诛杀。

对于见识过西方完善法律政治制度的严复而言，这些以正义和社会责任为名的过激行为对于国家制度的改革与进步并无实际效用。他向友人熊锡育直言：“中国之可救与否不可知，而他日决非此种学生所能济事者，则可决也。”换言之，他认为这些学生不堪担当救国重任。

这股“五四”学潮迅速席卷全国，也波及严复四子严璿所在的唐山工业专门学校。与当时大部分天真无邪、充满爱国心的学生一样，年轻的严璿感到自己也应该为国家出一份力，于是在当地加入了抵制日货的行列，并捐款五元用以支援“五四”被捕学生。严璿满心以为父亲肯定会赞赏自己的勇敢行为，于是很快向父亲去函一封详述事情始末。没想到，邀功未果，却换来了父亲的震怒和斥责。

严复狠狠批评道：“你根本是跟着瞎起哄，居然还以受人赞誉而沾沾自喜。此等复杂政事岂是你一个十五六岁的学生所能过问？如此人云亦云、随俗迁流，毫无自己的思考和判断，实在不像我严家的子孙，太令我和你母亲伤心了。”他告诉儿子要学会从另一个角度冷静地看待“五四”

学潮。章宗祥、曹汝霖或许有罪，但是，即便有罪，也应交给法律处理。

世事变幻无常。面对自己才十五六岁的儿子，严复无法解释太多。他不相信儿子能够理解其中的错综复杂，又生怕儿子走向歧路而不自知，真恨不得立即叫他回家，好好训诫一番，从此不在学校求学。当然，这仅是一时愤慨之念，未曾真正实施。不过，没过多久，严复作了一首《书示子璿四十韵》，告诫他应埋头苦读，不要参与政治："内政与外交，主者所宿留。就言匹夫责，事岂关童幼。"

总而言之，晚年的严复深深体会到谨言慎行的重要性。它是一种为人处世应有的原则和态度，更是一种独立思考和判断的能力和智慧。他人不可妄议，济世不可盲从。从某种意义而言，任何人对他者的评价都不可能准确无误。正如庄子《齐物论》所言，当人与人之间起争执时，如何才能评判人与人之间的是非对错呢？以第三者的标准为标准吗？庄子讪笑，难道第三者的标准就是真理吗？世间万物，千差万别，包容大度，以不齐为齐，以其各自的标准为衡量尺度才是大智慧。因此，在妄议他人或盲目追随他人之前，请先把自己修炼好。

第三章

爱国奉公，已轻群重

严复墓

第一节 仁心仁术，济世穷家
——舍己为人的严振先

什么样的父母能教导出严复这样的人？严复祖上好几代中医，他的父亲严振先继承祖业，也以行医为生。为了闯出一片新天地，他离开了阳岐老家，到20多里外的福州台江苍霞洲开了一家诊所。

严振先的医术和医德在当地有口皆碑。严复从小便闻着草药的味道，看着父亲时不时带着药箱走街串户，看着街坊邻居时不时上门求医问药。他知道父亲医术精湛，妙手回春，往往几帖药下去，病人的情况便有了起色，因而被视为华佗转世。他也听说父亲医德高尚，悬壶济世，几乎每天免费施诊，从不与病人计较报酬。这么一个医术高明、医德高尚的人，在南台岛六十四乡，几乎无人不知，更被当地的百姓亲切地称为“严半仙”。耳濡目染之下，成年后的严复也心存善念，多有行善之举。

每天清晨，严振先便从杨桥巷出来，坐上轿子晃晃悠悠地去诊所坐堂，路上总会路过一座两边都是叫花子的石桥。路过之人纷纷掩面，避之唯恐不及，严振先反而每每命人停轿，提着药箱快步走向人群。

“严半仙来啦！大家快过来啊。”“严半仙！我看到严半仙了！”几个眼尖的小叫花子远远地便望见了严振先的轿子，招呼大伙儿赶快上前，眼里充满了兴奋之情。“去去去，别挤着严半仙！”“严大夫，您上次给我的药真管用，我就用了一次，就好啦！”“这次我先来。”一群叫花子七嘴八舌地说道。

严振先微微一笑：“别着急，一个一个来。”自从那一日，他偶然救了石桥下的一个叫花子，他的半仙名头好像叫得越来越响了。像平时一样，严振先一边耐心地听病人陈述病情，一边细细地查看起来。“好多了，大概再用两三服药就好了。” 他手下的动作很快，一面说着一面配好了药包，递了出去。“谢谢！谢谢！”“严大夫，您不收诊费，这个您一定得收下。”一双瘦骨嶙峋的手递过来一束刚采的野花，怯怯地说道。“好！”医者父母心，知道叫花子没有钱，严振先每次都要自掏腰包垫付药费，但从来没跟他们计较过。作为医生，没什么比多救治一个病人更高兴的了，钱财嘛，只不过是身外之物。收拾停当，拜别这群叫花子，严振先才继续前行。后来，随着“严半仙”美名的传扬，越来越多的穷人自发地聚集到石桥下，等候严振先施诊，而他亦来者不拒，甚至成了惯例，往往都要消磨好半天，一一为他们号脉诊治。于是，福州石桥下的一位儒医与一群穷苦的病人便成为福州城内一道特别的风景线。“严大夫，这是上次您给我垫的药费，还给您，您一定拿着。”遇上有心还钱的，他便收着；不还，他也不在意。在他心目中，有一份稳定的职业能够养家糊口，维持义诊所需费用，便已心满意足。这些全赖于严家小小的诊所。

几年下来，凭着良好的口碑，严家诊所的生意还算红火。严家虽然算不上大富大贵之家，但是供养子弟读书还是没问题的。严振先自己读了不少书，算是一名儒医，因此极为重视子女教育。他先是将儿子严复托付给弟弟严厚甫施教，后来与当地名儒黄少岩因医结下善缘，便让儿子转投黄少岩门下，继续学习。

一家人原本其乐融融，没想到1866年突然暴发的一场霍乱，给严家以致命的打击。霍乱是一种古老且流行广泛的烈性传染病，即使在今天染上也十分凶险，更何况在医疗条件极差的过去。这一年的夏天，距离严复成婚仅半年，福州城里霍乱猖獗，死人无数。

眼见昨日还活蹦乱跳的亲戚朋友，今天却已奄奄一息，福州城内人心惶惶。稍有点打算的朋友纷纷搬出或者正准备搬出福州城，迁到外地避难，而严家上下却顾不上这许多。眼见送到严家诊所的病人越来越多，眼见丈夫严振先每日进进出出，忙得连口饭都吃不上，甚至不眠不休，妻子张了张嘴，想说些什么，却始终说不出口。她太了解自己的丈夫了，她最常听到他说的一句话便是“救人一命，胜造七级浮屠”，更何况如今要救的是整个福州城百姓的性命。病情越严重，他越离不开。她揪着一颗心，整日惶惶不安，只能默默地为丈夫祈祷。但是，人生就是这么无奈！她所担心的事情终于发生了，长期与传染病人接触，又得不到充分的休息，严振先最终染上了疾疫。正所谓“医者不自医”，在这场急性、凶险的传染病面前，一切努力都是那么的苍白无力。

没过多久，严振先便撒手人寰。失去家里的顶梁柱，孤儿寡母的生活随之陷入窘境。按理说，严振先声名远扬，应该不至于毫无遗产，但是他生前慷慨，又热心义诊，所赚诊费还不如花销多，又哪里谈得上积蓄呢?

“严半仙为了救人自己染上病去世了！”“啊！这么好的大夫，怎么就去了！” 带着震惊、不舍与悲痛，乡亲们纷纷奔走相告。短短几日，严振先去世的消息便已传遍了整个福州，而严振先也在乡亲们的口耳相传中由“半仙”荣升为“天神”。据说，他是专门到人间救苦救难的天神，如今时机已到，便羽化归真，回归天庭。据说，他给乡亲们托梦，他家香炉的香灰可以祛除霍乱，于是，人们纷纷上门讨要严半仙留给世人的最后的“神物”——香灰。一时之间，严家的香灰成了稀罕物，很快便被索取一空。乡人的理念固然属于迷信，但却充满了对严振先百分百的信任与尊敬。

严振先去世后，严家家道中落，不得已搬回了阳岐老家，靠着严复的母亲为人洗衣服、做女红维持生计。正应了那句“积善之家，必有余庆”的俗语。严振先一脉，不仅没有就此中断，反而愈加兴盛。时隔不久，还是严振先去世当年，他的儿子严复的命运便有了转机，辗转进入福州船政学堂学习。他在知识的海洋中遨游，在中西文化的碰撞中思考，在异国他乡的求学之路中探寻，渐渐成为举国闻名的启蒙思想家、教育家、翻译家，并由此带动严氏家族愈加绵延昌盛、繁荣兴旺。

第二节 要留清白在人间
——宁死不做汉奸的严璩

1942年一个寒冷的冬天，在日本人统治下的上海街头，一位年近七旬、无家可归的老人带着一身傲骨离开了人世。他就是严复的长子严璩。此时，距严复逝世仅仅21年。父辈盛名犹在，严璩怎么会流落街头？这还要从严璩的人生经历说起。

严璩早年曾留学英国，回国后先后任清朝福建财政监理，民国北洋政府长芦盐运使、财政部参事、公债司司长、财政部次长、全国盐务署署长兼盐务稽查总所总办、财政部部长，南京国民政府财政部次长、司法行政部总务司司长，直至民国22年（1933年）失业。可以看出，严璩早年几乎一直在财政部门担任要职，可谓风光一时。

一般来说，在政府部门任职，多半可成衣食无忧的小康之家，更何况严璩身居财政部门高位，薪酬颇丰。严璩性格比较大胆冒进，用严复的话来说，他这个儿子“天性浮动，难以用功”。可能恰恰因为此种大胆的性格，再加上任职于财政部门，见多识广，严璩脑筋灵活，颇具投资意识。他曾几次游说父亲参与房地产投资。严复起初有诸多顾虑，但最后还是和儿子合买下了北京大阮府胡同的一座宅子。

按理说，凭借优厚的薪资，以及在房地产上的投资收益，严璩的财产足以保其晚年生活无忧。但严璩偏偏沾染上赌博恶习，导致其半生积蓄付之东流。民国初年赌博之风盛行，北京尤甚，不仅设有公开的大赌场，那些隐秘在戏楼、路边的小赌坊更是比比皆是。这股民间公开聚众设赌之风，不仅没有被官府禁止，反而狠狠地刮向了北京政坛。梁士诒、孙宝琦、段芝贵等达官显贵常常通宵达旦豪赌，以至于第二天均无精打采，无心处理政务，有的人甚至连开会也迟到。袁世凯当年还曾对此大发雷霆，但也未能彻底整顿政坛风气。身在官场，严璩亦未能免俗，且深陷其中，不能自拔。

北伐战争时期，人心惶惶，官场中人不断猜测着这场战争的结局，亦不断为各自的前程而纠结着、迷茫着。北伐后期，有一天，严璩突然接到好友王宠惠自南京寄来的电文。电文仅有十个字，却言简意赅："新居将成，余屋尚多，速归。"旁人或许不懂，但严璩心知肚明。这是王宠惠在暗示他北伐即将成功，邀他迅速辞别北京政坛，南下南京任职。

王宠惠，近代中国法学奠基者之一，早年便追随孙中山，曾任南京临时政府外交部总长，北洋政府司法部总长、教育部总长，后来因财政部总长罗文干案辞职。1926年，王宠惠被复任为教育部总长，但他并没有赴任。此时的他已经做好了选择，倒向了南京一边。南京国民政府成立后，王宠惠担任了司法部部长。

虽然感谢王宠惠的好意，但是严璩此时并不想离开北京。一方面，他已在北京置产，轻易不愿舍弃。另一方面，他痴迷于赌博，无心政事。但是，自小受到良好教育的他哪里是那些职业赌棍的对手！严璩在赌场里越输越多，没多久就输得倾家荡产。

这是严璩一生的转折点。为了偿还赌债，他不得已卖掉了当年和父亲共同出资购买的北京宅子的一部分房屋。可怜当年风光一时的财政部次长，直至财产输尽才收拾落败心情南下，向南京国民政府谋求职业。但这一次，命运之神并没有眷顾他。1929年，孙科任行政院院长时期，严璩干起了老本行，谋得南京国民政府财政部次长一职。但是，严璩干了没几天，就发现自己的身份地位十分尴尬。孔、宋两家控制和垄断了当时的金融业，相当于实际上掌握了南京国民政府的经济命脉，几乎没有留给严璩这一财政部次长施展拳脚的空间。相反，孔、宋视国家经济命脉为家族产业，对于这个从北洋政府出来的财政部次长，不仅不感冒，而且颇有提防之心，更属意由亲近之人坐这个位置。而严璩既非孔、宋两家亲信，在南方的根基又太浅，财力、人脉均无法与之抗衡。倘若积蓄没被挥霍一空，或许他还乐意与之周旋应酬。但是，诸种原因交织在一起，逼得严璩不得不低头，或者说他必然成为一枚弃子。于是，短短18天之后，严璩在财政部次长的椅子上还没坐热，便做出了离职的决定。后来，他通过族弟严伯勋的关系，做了大概两年的司法行政部总务司司长。

但好景不长，1933年，严璩失业寄居上海。而上海的物价、房屋是出了名的贵。远离南京政坛、失去经济来源的他只能租下一间狭小的卧室，主要依靠朋友接济过活，境况十分悲惨。当时接济严璩的是沈葆桢之孙、英美烟草公司总经理沈昆山。严、沈两家颇有些渊源，严复考中福州船政学堂时是沈葆桢亲点的头名。严复的三儿子严琥娶了台湾板桥林家林国华的次女林慕兰，而林国华的长女则嫁给了沈葆桢之孙沈成栋。如此算来，沈昆山家乃是严璩三弟妹的姐夫家。虽然这个亲家着实远了点，但是接济严璩，使之维持生计还是不成问题的。可惜，没过几年，上海沦陷，朋友的接济由此中断。当时许多人纷纷逃离上海避难，但严璩已无力离开，只得滞留上海。没有收入和接济，严璩的生活变得更加窘迫。真是钱到用时方恨少啊！

就在此时，日本密谋在上海建立伪中央政府，为了装得像，自然要找一些听日本人话的中国人。像严璩这样既有执政背景，也懂专业，又素有名气的特殊人才，立刻被日本人锁定为“发展”对象。

日本人颇懂心理战。他们知道如果亲自出面一定会遭到严璩拒绝。因此，他们派出汉奸做先头部队，决定采用先礼后兵之术拉拢严璩。这些汉奸极尽谄媚，给严璩戴了一顶又一顶高帽子，从严复的种种爱国事迹，说到严璩当年发行国债的丰功伟业，逐渐麻痹了严璩的警惕心，并赢得了他的信任和好感。他们打听到严璩经济困难、住所狭小，以为终于找到了他的弱点，便决定以此为突破口引诱他就范。“严先生，好消息呀！我的一位好朋友带着全家人去了外地，留下一座空宅子。他对您慕名已久，听我说起您还在上海，并正在找合适的房子，便一定要我转告您，他家的宅子空久了就荒废了，而他一时半会儿也不会回上海。他非常乐意将住处借给您，也算是有个合适的人帮他照看一二。严先生，您意下如何？”见严璩还在犹豫，他赶忙说：“严先生，我去过他家，是一幢花园洋房，宽敞明亮，周围环境又好，算是闹中取静之所。也只有这样的宅子才配得上您的身份。我先带您去看看如何？”如此一番花言巧语，既给足了严璩面子，又成功引得他心动。严璩虽在官场多年，但是心智单纯，不知是计，便携家人搬了进去。

眼看严璩上钩，日寇和汉奸便轮番前来游说他做伪财政部部长。他们认为严璩滞留上海，经济困难，一定会就范。因此，几番以住所相要挟，直言如果他拒绝“一番好意”，便不得借住此屋，甚至暗示他如果不与日本合作，便有性命之忧。严璩虽然缺钱，却不缺傲气。他清晰地记得父亲一生都在为中国的独立、富强而殚精竭虑，记得那个在书房里为准确翻译一个西学名词而绞尽脑汁的背影，记得那些为中国教育事业的发展而南奔北走的匆匆脚步，记得那个被病痛折磨的老人临终之时牵挂的仍是国家、民族的命运，记得父亲语重心长地告诉自己和弟弟妹妹们“中国不灭”“己轻群重”。父亲对自己的诸多教导言犹在耳，他又岂能做日本人的走狗？

不过，此时的上海已然是日本人的天下，为了一家的安全和生计着想，严璩知道自己不能与日本人撕破脸，硬碰硬。无奈之下，他只能装，装着醉生梦死，装着不问世事。为了避免与日寇起正面冲突，他每天清早便跑到他的同曾祖父的妹妹梦卿处，以打牌混日子的方式避难，并斩钉截铁地告诉她，自己宁死不当伪财政部部长。这段避难的日子，使严璩身心饱受煎熬。除了每日担惊受怕，他还要忍受着严重的哮喘病的折磨，身体每况愈下。日寇着实没想到一番软磨硬泡下来，严璩还是宁死不屈。看他年事已高，又有哮喘病，便不再和他叨叨，进而挑了一个刺骨的冬天，将严璩一家人赶了出去，任其自生自灭。可怜严璩典当了全部家底，也只在寸土寸金的上海勉强租到一个亭子间的楼下二房东的洗澡间。狭小的空间实在放不下什么，严璩的床板便放在澡盆之上。每天晚上，二房东要洗澡的时候，便把严璩赶到大街上，洗过澡才让其进门。人心是不待风吹而自落的花。饥寒交迫之下，这位年近七旬的老人终于经受不住折腾，带着对亲人深沉的怀念、对过去沉沦赌博的悔恨、对日寇汉奸的蔑视，永远地离开了人世。

何谓气节？并非只有轰轰烈烈、以身殉国才令人钦佩，默默无闻、坚守底线同样难能可贵。严璩虽未做到“富贵不能淫”，但却用生命书写了“贫贱不能移，威武不能屈”，同样是严家的大丈夫。

第三节　侠肝义胆真性情
——刺杀袁世凯的严伯勋

严氏家族不仅走出了诸多翻译家、教育家，还曾出过一位游走于枪林弹雨、胆气逼人的侠客——严伯勋。严伯勋，谱名家鹄，祖父严恭澜，父严传慎，居阳岐严氏祖屋“大夫弟”后座。他一生之中干的最为惊天动地的一件事便是参与刺杀袁世凯。严复的族侄如何成为一位侠客，又如何策划并实施了刺杀行动？这还得先从严伯勋的成长经历谈起。

1879年，严复自英国皇家海军学院毕业后，在福州船政学堂担任教职；1880年，受李鸿章之邀，北上天津，在其新创办的海军学校——北洋水师学堂任总教习，全面负责招生、课程设置、教学等工作，自此长期执教于此。作为福建人，严复偏爱闽地子弟，不仅亲自回家乡招生，还托付伯兄严观涛作为领队护送福建子弟到天津入学。受严复的影响，严氏家族多名子弟走出了福建，远赴天津、北京等地求学。严伯勋少时便追随严复到天津北洋水师学堂学习。

作为清政府为数不多的新式军事院校，北洋水师学堂以雄厚的师资力量、科学的课程设置吸引着当时许多热血青年。在军事救国的热潮中，年轻的学子们纷纷希望通过学习西方先进的军事科学技术，救民族于危难之际。北洋水师学堂也为严伯勋开启了一扇通往梦想的大门，使这个年轻人不仅接触到与以往大相径庭的教育内容，并由此开始接受西方思想，而且充满了保家卫国的斗志。

但是，不久之后，这座令清政府引以为豪，让严复倾尽心血，已经经营二十多年的海军高等学堂，随着八国联军入侵天津而毁于战火。那是1900年7月13日凌晨，八国联军分左右两路向天津城发起猛烈的总攻。仅仅两日，天津陷落，随之而来的是八国联军的肆意抢掠屠戮。在这场浩劫之中，天津城尸横遍野，100万人口仅剩10万人，北洋水师学堂也遭到彻底破坏。

严伯勋此时还只是一名北洋水师学堂的在读生。他亲眼看到洋人的坚船利炮如何轻易地摧毁了天津不堪一击的城防，亲眼看到昨天还生机勃勃的校园瞬间变成了一片废墟。20岁的少年还没从国破校毁的震惊中回过神来，便匆匆跟随严复及其家人南下上海避难。

无情的战火焚毁的不只是一所学堂，也沉重地打击了中国军事教育，更撕碎了多少中国人"军事救国"的梦想和信心。国家危难的刺激、颠沛流离的生活，促使这个一腔悲愤的青年更深层次地思考着中国失败的原因。而清政府对南下避难的北洋水师学堂员工和学生不闻不问的做法更刺激了他积极探寻救国救亡的新路径。当时，总教习严复捉襟见肘，不得不靠借钱和翻译度日，这些穷学生的境况更可想而知。恐怕就是在这个时候，对清政府失望的种子在这个青年的心中生根发芽。

五年以后（1905年），严伯勋以海军部军法司司长的身份再次回到了天津。不知从何时开始，他秘密参加了孙中山领导的同盟会，以“驱除鞑虏，恢复中华，创立民国，平均地权”为信仰，开始了地下革命工作。至于一个海军职员怎么会成为一个刺客，这还要从那个特殊的时代说起。

清朝最后十年，暗杀之风愈演愈烈。暗杀，是清末革命党人一种特殊的反清方式。刺客多为知识分子，他们忧心于中国现状，希望通过刺杀清政府政要引发轰动效应，从而突破革命低潮，造成革命时势。他们抱定必死决心，希望以一己之热血换取全民族之觉醒。受日本尚武精神的影响，早在1903年留日学生成立军国民教育会之时，便将“暗杀”与“鼓吹”“起义”并列为三大革命方式。1904年，万福华刺杀前广西巡抚王之春，揭开了刺杀风潮序幕。人们所熟知的孙中山、黄兴、宋教仁、蔡元培、陈独秀、徐锡麟、秋瑾等革命志士，均在不同程度上赞同过暗杀，有的甚至身体力行，实施过暗杀行动。这种如飞蛾扑火般的英勇，充满了慷慨赴死的壮烈，也饱含了玉石俱焚的无奈。在那个暗杀成风的时代，许多青年知识分子，尤其是同盟会会员极力赞成、向往这种舍生取义的个人英雄主义。年轻的严伯勋亦深受感染，将暗杀视为救国的捷径。

严伯勋真正进入暗杀组织则与汪精卫及其所建立的京津同盟会有关。汪精卫可谓那个暗杀时代的孤胆英雄。1910年4月，汪精卫因刺杀清摄政王载沣而名声大噪。他行刺失败后被捕入狱，原本必死无疑，但因清政府忌惮刺激革命党人，加上清肃亲王善耆从中斡旋，而保住一命，只被判终身监禁。辛亥革命爆发后，清政府被迫释放政治犯，汪精卫才被释放出狱。汪精卫出狱时，直隶（含北京、天津、河北）各地已相继出现一些零散的革命组织和活动。为进一步组织大规模的革命活动，汪精卫提议筹建京津同盟会。于是，一个月后，1911年12月1日，京津同盟会在天津成立，直属于同盟会本部，分设总务、军事、交通、财政、党务、参谋、宣传、妇女、谍查、暗杀等十部。其中，暗杀部不设部长，直属会长汪精卫、副会长李石曾领导。严伯勋便是暗杀部的核心成员之一。

京津同盟会暗杀部很快锁定了首要暗杀目标——袁世凯。为什么选中了他？这与会长汪精卫的引导有一定关系。汪精卫曾在京津同盟会宣言中强调："北方事不易为，唯暗杀较有把握。其反对民党，阻碍共和者，如袁世凯、荫昌、冯国璋、载沣、载洵、载涛、良弼等，皆在所必锄。"在京津同盟会暗杀部看来，袁世凯、良弼、载沣等人均是刺杀的目标。而袁世凯本人所处的特殊地位则是其成为暗杀目标的关键原因。

辛亥革命爆发后，清政府恐慌之际，不得已下罪己诏，宣布实施宪政，并起用袁世凯组织责任内阁，以解燃眉之急。袁世凯以"誓为清廷保全社稷"之姿，就任内阁总理大臣，着手组织袁氏内阁。袁氏内阁成立后，袁世凯尽施政治手腕，向清政府和革命党人两面施压。他一面部署军力镇压革命党人，并以此挟制议和，威胁孙中山让位，一面将革命党武力威胁控制在一定范围，借以要挟清帝退位。近代中国风云变幻之际，这么一个举足轻重的人物当然成为各方势力关注的重点。

听闻孙中山已经接受让位于袁世凯的建议，暗杀部成员群情激愤。在他们看来，袁世凯便是清政府镇压革命党人的"元凶巨憝"，必除之而后快。于是，暗杀部不顾思想转变的汪精卫的阻拦，誓诛杀之。一项针对袁世凯的暗杀计划就此展开，行刺的重任则交给了严伯勋、杨禹昌、黄芝萌和张先培四人。杨禹昌时任北京清河陆军中学教师，而黄、张二人均供职于军咨府测地局。

确定暗杀目标后，暗杀四人组在京津同盟会军事部部长彭家珍的带领下，开始在北京郊外门头沟和昌平等地进行秘密训练。投掷炸弹是那个时代暗杀的主要方式。他们也不例外，意图以几枚炸弹结束袁世凯的生命。于是，彭家珍负责弹药补给，暗杀四人组则在荒山之中进行实弹演习，苦练投掷技巧。与此同时，他们还多次潜入北京城，刺探、观察袁世凯的行踪。经过一个多月的跟踪记录，他们终于摸清了袁世凯的藏身地点和行动路线。

袁世凯原本住在王府井锡拉胡同，听闻革命党人要杀害自己河南老宅的家眷，赶紧派人将家眷接来北京，一同搬到石大人胡同的迎宾馆。鉴于袁世凯府邸有重兵把守，不易得手，严伯勋等人经过几番商议，决定在袁世凯出行时动手。他们发现：数日来，袁世凯每天上朝路线基本不变，都是从石大人胡同西口向北，过东安市场丁字街，进东安门，再过皇恩桥，入东华门，下朝则原路返回。由于清政府官员清晨上朝，此时街上人少，一旦有风吹草动，便容易暴露。而下朝时间接近中午，此时市场街道两旁人来人往，易于隐蔽和撤退。因此，他们将投弹地点选在了袁世凯每天下朝的必经之路——东安市场。

经过数次踩点，严伯勋等人对东安市场的地形、警力分布已十分熟悉。不知有多少个日夜，这些热血沸腾的年轻人反复商讨，不断推翻和重新构思着暗杀行动方案。最终，为了确保万无一失，他们决定兵分三路，由严伯勋负责打头炮，实施连环袭击，势必诛杀袁世凯。

对于严伯勋而言，1912年1月15日夜，正式执行暗杀任务的前一个晚上，又是一个不眠之夜。自接受这项任务以来，他已经记不清自己有多少个辗转难眠的夜晚了。几乎每一晚，他都在为如何手刃袁世凯而绞尽脑汁，夜不能寐。“明天，一切都将结束，一切都将重新开始。”想着第二天就要完成这项光荣的任务，幻想着袁世凯死去后中国革命的光辉前景，严伯勋心情久久不能平静，他再一次为自己能担当此项任务而激动不已。他按压着兴奋，在脑海中一遍又一遍地演练着明天的刺杀细节：如何不引起周围人群注意？如何朝袁世凯投掷炸弹？爆炸后如何逃生？虽然这些方案已经被讨论多次，他仍然需要再次温习，以确保万无一失。他仔仔细细地擦拭了手枪，又一一检查了彭家珍送来的三枚炼乳罐头大小的炸弹，最后才定定地看着空白的信纸。这极可能是给家人的最后一封信，诀别信怎么写，他从未想过，当这一天终于到来的时候，他几次提笔，又几次放下，想到还被蒙在鼓里的家人，想到明天未知的命运，他不知该如何诉说。他只能坚定地告诉自己、告诉家人，在民族大义面前，一己肉身，死不足惜。

第二天早上，严伯勋与三位战友一起动身，进入北京城，按原计划分布在王府井到东华门之间的三处袭击点。杨禹昌隐身在东安市场西北角，是第二袭击点，黄芝萌、张先培守住丁字街一酒楼的临窗位置，以图断后。而严伯勋的第一袭击点，则定在了离东华门不远的东安门大街路南的三顺茶叶店门外。

似乎是闲来之客，严伯勋走到三顺茶叶店门口的烧饼小铺，要了两个烧饼。他随意咬了两口，便揣着没吃完的烧饼站到了茶叶店门侧卖毛巾的小摊旁。“老板，您家的储钱柜子不错，您看我这也没坐的地方。这样吧，我买您一条毛巾，您让我坐上面歇歇脚，慢慢吃完这两个烧饼如何？”说着，便递上了二角小银。“得嘞，您慢慢坐！”小摊贩喜滋滋地接过钱，没想到自己的储钱木柜还能带来生意，今天可真走运。

于是，“又累又饿”的严伯勋便高坐在木柜上，开始了监视任务。他不动声色地将皮包里包裹炸弹的报纸换成了毛巾，又将炸弹小心地揣在怀中；然后，一边悠闲地吃饼，一边密切注视着东华门的动静。

快到中午时分，严伯勋看到袁世凯的双套马车驶出了东华门。毕竟是内阁总理大臣，出行排场十分庞大。凡袁世凯所到之处，均有警笛开道，马队步卒簇拥，兵警沿路护卫及大批群众围观，真是想让人不注意都难。当马车行驶到三顺茶叶店前，趁着所有人的注意力都在袁世凯身上，严伯勋侧身几步，将早已准备好的三枚炸弹，从人群后迅速地抛到袁世凯的马车下。其中一枚炸弹滚落在路边，没有爆炸。另外两枚轰隆隆作响，当场炸死了袁世凯的警卫营营长袁金镖，炸伤了十多个警卫和右侧马匹。

“有刺客！”“有炸弹！”一时之间，人声鼎沸，一片混乱。袁世凯的车夫当即驱使受惊的马匹，改道向南狂奔。眼见袁世凯毫发无损，而马车又突然改道，杨禹昌急忙持弹冲向路中，预备与袁世凯同归于尽；黄芝萌、张先培也推窗张望，准备截击。结果，三人行踪暴露，被捕入狱。而此时，严伯勋沉着冷静，迅速做出了反应。他的第一袭击任务已经完成，袁世凯又已经从三顺茶叶店前疾驰离去，致使手枪失去了最佳作战位置。因此，对严伯勋而言，迅速撤退便是此时最迫切的行动。巨大的爆炸声使茶叶店的老板、伙计们纷纷跑出店门，询问事情原委。趁着军警和人群慌乱之际，他暗暗退到了茶叶店内，迅速将手枪塞到了茶桶之中，又将早已准备好的堕泪药涂抹到眼睛上。做好这一切，他从容地走出店门，正好遇上了前来排查的警察。

由于袁世凯出事的地点就在茶叶店前，因此茶叶店及周边人员便成为警察首要排查对象。一名警察见到从茶叶店内走出来的严伯勋，随即用枪指着他，大声叱喝道："说，你是干什么的？"严伯勋瞬间眼泪直流，拼命摇头："爷饶命，我就是一路过的平头百姓，可不是你们要找的人啊。"眼见严伯勋惊恐莫名的样子，身上又没有武器，警察信以为真，放过了严伯勋。由此可见，严伯勋着实不仅仅是一位头脑睿智的勇士、身手敏捷的刺客，同时也是一名沉着冷静、不容小觑的实力派演员。侥幸逃脱的严伯勋在众多朋友老乡的帮助下，连夜离开北京，回到天津避风头，开始了长达四年隐忍不发的生活。

这次刺袁行动虽然没有成功，却直接影响了政局。袁世凯遇刺后，一方面对革命党人恨得牙根痒痒，下令斩杀三名刺客，另一方面不得不放低姿态，向京津同盟会表示将效力革命，并自此为京津同盟会活动提供经费。与此同时，威慑于革命党人的暗杀行动，清政府君臣无一敢出来主持危局。他们纷纷以身体抱恙为名，远离北京政坛，只求保得全家平安与财富，致使清政府陷入无人可用的局面。在袁世凯推波助澜之下，半个月之后，1912年2月12日，隆裕太后携年仅6岁的溥仪无奈地颁发退位诏书。退位前提是，让清政府和革命党双方都比较信任的袁世凯担任中华民国临时大总统。由此，袁世凯如愿以偿获得了最高权位。在袁世凯把持政权的那四年，京津同盟会为了保护严伯勋的人身安全，对严伯勋的事迹一直隐秘不宣，这也是后人对其刺袁一事所知甚少的原因。

这次刺袁行动无疑也是严伯勋人生中最重要的转折点。同去的四人，只有他脱险，其他三条年轻的生命却永远地离开了这个世界。午夜梦回，他清晰地记得他们每一个人的音容笑貌，记得他们共同商讨刺杀袁世凯时的每一次争论，记得他们临行时给予彼此的坚定眼神。自己本是必死之人，不如再拼一命，追随战友于地下。他决意先看看形势发展，等风头过后再图行刺之事。没想到，他还没有从丧失战友的悲痛中走出，十天后，又听闻他的另一个亲密战友——带领他们进行军事训练，为他们提供武器弹药的彭家珍在刺杀良弼的行动中壮烈牺牲。他一次次忍受着巨大的心灵创伤，但是当白昼降临之时，他又必须装作茫然不知，不动声色地听着人们热切地讨论着这两场惊天动地的刺杀行动和几名刺客的来龙去脉。为了革命、为了自己、为了家人，他必须忍。这一忍，便是四年。

此后，严伯勋虽然对于刺袁一事三缄其口，但是仍默默关心着革命活动。1913年，听闻北京各界举行彭家珍周年纪念追悼会，严伯勋虽不便出席，但仍以“侯官严元鼎”的名义送战友一副挽联，以聊表心意。他在挽联中隐晦地回忆了当年的刺杀行动：“忆去年报国共烽烟，生死盟心，弃我更谁共患难；痛此日孤身离京洛，风尘扑面，吊丧何以慰贤豪。”一直到1916年袁世凯去世，严伯勋才重新回到政坛，任北洋政府海军部上校军需官，1927年后又转到南京国民政府司法行政部工作，1933年病逝后被葬于老家阳岐山。严家一代侠客终于叶落归根。

第四节　一门忠烈卫海防
——严氏家族与中国海军的不解之缘

除了充满江湖豪气的侠客，严家还有多位任职于海军的子弟。他们不是在军事教育上贡献自己的聪明才智，就是在抗战中光荣负伤或英勇就义。严氏与海军的不解之缘还要从严复说起。

严复是阳岐严家第一个与海军结缘的子弟，但他并没有成为一名带军作战的将领，而是成为一名培养中国海军人才的教育家。1879年，严复被吴赞诚提前电召回国，就任福州船政学堂教习。同一年，日本凭借购买的三艘军舰，出兵吞并琉球。这一举动让清政府意识到形势之急迫，决意尽快筹建水师，以御外强。而打造水师必然需要海军人才，因此，筹建水师学堂，培养自己的海军人才，便与组建海军同步提上日程。筹建北洋水师心切的李鸿章到处打听水师学堂教习人选。1880年，经陈宝琛推荐，李鸿章点名邀请严复北上天津任职。

于是，刚回国的严复又离开家人，只身去往天津。刚到天津时，北洋水师学堂正在筹建之中。年轻的严复一腔热血，当即留在天津参与筹建的种种讨论。当时，李鸿章看好的北洋水师学堂督办、总办分别是福州船政大臣吴赞诚、福建船政提调吴仲翔。但是吴赞诚因病辞职，吴仲翔为人做事则颇为拘谨。因此，作为中国最早的一代海归，尤其又是海军专才，严复从一开始就参与了学堂建设、招生考试、课程设置、考核标准和教师聘用等几乎全部筹备工作。

在李鸿章、严复等人的努力下，北洋水师学堂很快便于1881年底建成。其不仅有古代书院曲径通幽之雅，还配有观星台等现代化设备。严复将福州船政学堂和英国皇家海军学院的教育理念及课程体系引入这所新学堂。在他主持设计下，北洋水师学堂只设驾驶、管轮两个专业，各班每年定额60人，学制则参照福州船政学堂五年制标准。学生们头四年潜心学习堂课，最后一年上舰实习。堂课又分为内堂课和外场课。前者包括了国文、英文、舆地、数学、重学等理论课，以及驾驶、机器画法等实用技能；后者则包括了单人教练步兵操法、成队教练、成营教练等身体素质锻炼课程，以及信号学、枪炮法理、炮弹及引信法理等军事原理。

北洋水师建成后，首先面临的是生源问题。与福州船政学堂等新式学堂情况类似，北洋水师学堂刚刚建立之时，并不被上层知识分子和普通大众所认同。因此，生源严重不足。为尽快破解生源困境，招揽生源这项重任也落在了严复身上。他不仅制定免学费等优惠政策以吸引贫家子弟，还以老家福建为突破口，亲自回乡选拔优秀人才，考察范围自然以家族成员为主。1881年初，严复自闽地招得的27名学生中，有3名学生与之沾亲带故，分别是严复大妹夫何镜秋的表弟冯姓、堂妹夫弗藩及妻子王夫人姐姐家的侄儿薛姓。自家亲戚总是知根知底的，也许正是出于对严复的信任，他们三人才选择了北洋水师学堂。为慎重起见，严复事必躬亲，从出题考核到最后录取，基本由他一人决定。严复面试伍光建时，让他解释英文“mouse”（老鼠）的意思。伍光建发现严复听不懂自己一口浓重的粤语，便改用手势装作老鼠在地上爬的样子，引得严复哈哈大笑。他觉得这个小伙子非常机智，当即拍板录取。面试谢葆璋(冰心之父)时，严复则出了一首诗题“月到中秋分外明”，得到比较满意的作答，也当即决定录取他。

严复在天津执教长达二十年，他将自己二十年的青春都奉献给了北洋水师学堂，打造出一所走在世界前列的高等海军学府，培养了大批海军人才。当时海军中将校基本上不是他的同学便是他的学生，至今仍有学生尊称严复为海军“祖师爷”。

他用他的智慧和汗水推动了中国海军教育的发展，也影响着家族子弟的求学观和就业观。严家多位子弟先后投奔严复，步入北洋水师学堂，成为中国海军的一分子。比如，严复的族弟严文炳(字彬亭)1889年毕业于北洋水师学堂管轮班，随即留校任教，成为严氏家族又一位贡献于海军教育事业的成员。1900年，北洋水师学堂被毁后，他又转入海军部工作，后任京师大学堂及北京大学教授。其人品和学识一直为严复所赏识。1920年，严复病重期间，听闻族弟身故的消息，深为痛心，直呼“从此无起课最灵人矣”。又如，严复的侄子严培南（字君潜）1895年毕业于北洋水师学堂驾驶班。但是，严培南与海军的渊源仅限于求学期间。毕业后，在严复的推荐下，严培南在张元济主持创办的通艺学堂任教习，1900年天津失陷后，随严复南下避难，1902年又到北京五城学堂任分教习。

1900年，天津及北洋水师学堂所遭受的那场浩劫，不仅沉重打击了中国海军教育事业，而且致使严复一度失去工作，靠借债和翻译度日，更在逃亡途中痛失最钟爱的二儿子。即便如此，许多严家子弟依然不改报国之志，坚定地走上了军事救国的道路。

北洋水师学堂被八国联军彻底毁坏后，严氏族人只能转到其他海军学堂念书。从1887年起，清政府先后在广州、北京、威海卫、南京、烟台等地，仿照天津北洋水师学堂章程、课程设置，建立了一批水师学堂，培养航海、管轮人才。虽然严家世居福州，但是严家年青一代大部分选择了烟台海军学堂，而没有选择离家更近的南京南洋水师学堂。为何舍近求远？这仍然与严复有些渊源。

1894年，清政府建立烟台海军学堂，总办不是别人，正是严复的学生——天津北洋水师学堂驾驶班首届学生谢葆璋。其父谢銮恩与严复乃故交，因此严、谢两家本就有些交往，谢葆璋成为严复学生，步入海军行列后，两家关系更为亲密。有一次，谢葆璋回福州探亲，见到还是幼童的严复族弟严寿华（字传有），便激励他长大后当海军保卫国家。

年幼的严寿华其实早就听说过堂哥严复，以及严文炳、严培南的故事，受谢葆璋的感染，更加对海军学堂充满了向往。1902年，年仅13岁的严寿华在哥哥严传升的带领下，奔赴烟台考试，最终如愿以偿，考入烟台海军学堂驾驶班。在读期间，严寿华勤奋好学、学业突出，深得谢葆璋器重。1908年毕业后，严寿华曾先后担任“建中”“楚观”“永绥”“永绩”“通济”等舰舰长，具有丰富的航海和带兵经验。在谢葆璋眼中，严寿华不仅是位可造之才，人品更足以托付终身。于是，谢葆璋做媒，促成了内侄女杨建中和学生严寿华的一段佳话。由此，严、谢两家正式结为儿女亲家。

在严寿华的影响下，严寿华的弟弟严传经、严文炳的大儿子严又彬，先后进入烟台海军学堂驾驶班学习，分别成为烟台海军学堂第十二届（1920届）、第十三届（1921届）毕业生。不过，严传经、严又彬二人实际上在烟台待的时间不长。1914年，海军部接管吴淞商船学校之后，将之更名为吴淞海军学校，曾选调了一批烟台海军学堂第九届到第十三届的学员到上海学习，严传经、严又彬均名列其中。

1937年，抗日战争全面爆发。在残酷的抗日战争中，严家年青一代用青春和鲜血谱写了一篇又一篇英勇壮烈的诗歌。他们忍受了心灵的煎熬和身体的伤痛，甚至付出了宝贵的生命，而这一切都是为了同一个目标——保家卫国。

1937年8月12日是严寿华终生难忘的日子。作为一舰之长，他曾发誓与自己的“通济”舰共存亡。但是，就是在这一天，为了阻止日本海军沿江西上，他亲自指挥部下拆除了“通济”舰舰炮，亲眼看着自己心爱的军舰从此沉入长江，不见天日。

为什么要做得如此决绝？这还要从中日两国海军实力对比和当时抗战形势说起。1895年甲午战败，留给人们一段惨痛的记忆。但是，中国海军的武器装备却未见改善，加强海防、建设海军，似乎从未落到实处。截至1937年，中国海军舰船陈旧过时，总吨位不足6万吨。

相比之下，日本海军在装备、编制、官兵素质、战略战术等方面，实力直逼英美海军。据日本官方数据，此一时期日本海军总吨位为115万吨多，拥有战列舰、航空母舰、轻巡洋舰、驱逐舰、潜艇、潜水母舰等多种舰型。中日海军实力相差将近20倍，一旦开战，胜负可知。当时，狂妄的日本人夸下海口，妄图三个月内灭亡中国。

但是，在强大的敌人面前，严寿华等英勇的海军将士们并没有胆怯。他们随时待命，希望有朝一日血战沙场、保家卫国。1937年8月9日，上海“虹桥机场事件”爆发后，严寿华等人终于等来了作战任务。蒋介石急令海军主力开往江阴水道，阻击并围剿已经驶入长江内河的日本海军第11战队的10余艘战舰。

江阴段是长江下游最窄的江面，最狭处宽仅1.25公里，自古以来，便是扼守长江咽喉的第一要塞，乃兵家必争之地。民国时期，江阴要塞也被列为国防线防务重点。在两军对垒之际，江阴一旦失守，日军便可长驱直入，溯江西上，配合其长江流域的浅水炮艇部队，进攻汉口、重庆、南京等地。如此，后果不堪设想。在强大的敌人面前，中国海军若全面出击，必定不堪一击。因此，国民党将有限的中国海军主力布防于江阴要塞。

可惜，这一命令被参会的行政院秘书、汉奸黄浚泄露，日舰由此仓皇逃出了长江，致使中国海军围剿计划失败。事已至此，总要面对现实，以当时中国海军的实力，是远不可能与日本海军抗衡的。既然无力决战，不如索性截断日本海军进攻路线，令其变为哑炮。于是，1937年8月11日，国民政府正式下达了在江阴要塞封锁长江江面的指示。

按照指示，原本集中在下关、湖口等地的海军舰队主力灭灯疾行赶赴江阴。8月12日，严寿华率领的“通济”练习舰及海军第一、第二舰队主力在江阴江面集合完毕。等待它们的是中国海军史上最大规模、最为悲痛的一次集体自沉。

随着海军部部长陈绍宽发出的沉船命令，“通济”舰等8艘军舰及征集的20艘商船，同时放开水门，庄严下沉。一艘接着一艘，它们逐渐倾斜，最终全部沉入长江。虽然早已知晓“通济”舰江阴行的命运，虽然知道此为不得已而为之，但是当这一刻真的降临之时，严寿华还是压抑不住内心的悲恸。他颤抖着双肩，忍不住泪眼模糊。望着渐渐下沉的军舰和商船，尤其是曾经朝夕相伴的“通济”练习舰，一条条不怕死的铮铮铁汉，悲痛难忍、泪流满面。“通济”舰原为运输舰，曾参加过甲午海战，战后调往马尾海校，长期作为练习舰使用。闽系海军将士几乎都在这条船上接受过培训，他们亲昵地称它“济伯”。对他们而言，“通济”舰不仅仅是一艘军舰，更像是引导他们走上海军道路的长者。可如今，“济伯”却不得不被他们亲手送入江底。一时间，江阴岸边啜泣之声此起彼伏。大家无法言语，只感到痛得无法呼吸。严寿华及全体海军男儿暗下决心，誓要“尽其至责”，与日寇决一死战。

在这场三个多月的江阴保卫战中，如果说严寿华仅是因为自沉舰船而饱尝心痛，并没有与日本军队正面交锋，那么严家的另一位子弟——严文炳的大儿子严又彬，则因作战负伤，而成为严家海防战线上的另一位勇士。

当时，严又彬担任海军第一舰队“建康”舰副舰长。因长江水域被封，日本空军奉命突破封锁线，由此展开对江阴要塞的密集空袭。1937年9月25日，负责执行江阴水道防护任务的“逸仙”舰遭遇16架敌机进攻，“逸仙”舰虽奋力击落其中两架，但最终下沉。按照指示，“建康”舰紧急增援“逸仙”舰，但是之后是日军更为疯狂、密集的空袭，60架敌机对其轮番轰炸。寡不敌众，严又彬和舰长齐粹英均被炸伤，“建康”舰沉落江底。

中国海军以破釜沉舟之志组成的江阴封锁线，打碎了日本速战速决的美梦，为国民政府以空间换时间之持久抗战立下了汗马功劳。战争是残酷的，如果说饱经身心煎熬但仍活下来的严寿华、严又彬还算得上严家海防线上的幸运儿，那么，葬身鱼腹的严传经则悲壮地成为严家首位付出生命代价的抗日烈士。

在抗日战争时期，中国海军只有两名舰长殉职，其中一人便是严寿华的弟弟——严传经。与哥哥的求学、成长之路相同，严传经自烟台海军学堂毕业后，经过见习，一步步升任为一舰之长。七七事变爆发后，严传经被紧急调任“义宁”炮艇上尉艇长，隶属长江江防司令部，主要任务是在鄱阳湖一带布雷。

1938年6月25日，严传经照例在执行任务前开展战前动员。他又一次慷慨激昂地表示：“海军以为国葬身鱼腹为荣！” 没想到这一次竟一语成谶。当天，日本空军来袭，严传经指挥战士与敌人展开激烈的海空对战。当时，中国防空力量薄弱，能击落轰炸机的情形并不多见，因此，这种激战实际上以日本空军单方面轰炸中国海军为主。日本空军常常叫嚣着低飞到中国军人跟前，以至于双方竟都能看清彼此的面孔。日军从着装上判断出严传经的身份，便围绕他展开轮番轰炸，致使严传经当场殉职，尸沉海底。战斗结束后，他的战友一遍又一遍地打捞寻找他的遗体。可惜，天不从人愿，严传经永远地留在了鄱阳湖。

从严复、严文炳、严培南，到严寿华、严传经、严又彬，严氏家族既有中国海军教育的开创者，又有英勇抗战的海军将领。一代又一代严家人用自己的青春、热血与生命，践行着保家卫国的誓言，可敬可佩！

第五节　志虑忠纯，坦率直肠
——孤守故土的严琥

严琥，字叔夏，是严复的第三个儿子。余光中曾说：“乡愁是一湾浅浅的海峡，我在这头，大陆在那头。”而对于独自留守中国大陆的严琥而言，这一湾浅浅的海峡，隔离的是他与他的妻子林慕兰和所有的儿女。

这是一段令人扼腕的爱情故事。回想当年，福建名门严家与台湾望族板桥林家的联姻曾一度是海峡两岸口耳相传的一段佳话。说起这段海峡两岸名门望族的联姻，严琥的大哥严璩和林慕兰的舅舅陈宝琛功不可没。

严璩长严琥二十多岁，可谓严家之中最早为严琥婚事操心的人。严璩任福州财政监理期间，对台湾板桥林家的情况非常了解，便建议父亲与林家联姻。板桥林家乃台湾首富，不仅拥有大量田产，而且素有爱国情结。林家第五代裔孙林尔康早亡，其妻便携带儿女返回大陆，居于福州杨桥巷，富甲一方。

思来想去，1914年8月，严复请陈宝琛为严琥执柯（做媒），并将严琥的生辰八字、照片交给了他。此时严琥还在清华上预科，年仅18岁。之所以找陈宝琛，一方面是因为严家与陈家私交甚好。陈宝琛与严复同乡，年长严复5岁，是严复最为信任的朋友。当年正是由于陈宝琛的力荐，严复才离开福州，北上北洋。二人情谊笃深，严复去世后的墓志铭还是陈宝琛所写。另一方面则是因为陈家与林家乃姻亲关系。陈宝琛的亲妹妹陈芷芳正是林尔康的妻子。因此，陈宝琛的话自然有相当分量。

但是，事关外甥女婚事，谨慎的陈宝琛并未就此明确表态。直至四年以后，陈宝琛亲见严琥所作咏梅诗，认可了他的才华，才主动提及为一双小儿女做媒之事。有他做媒，接下来的事情便顺理成章了。

由于严家、陈家均是福州当地名门望族，板桥林家又名声在外，连日本政府都对其礼让几分，因此，严、林两家联姻轰动一时。为了给儿子完婚，严复特意回到了阔别25年的阳岐老家，亲自验看了长子严璩之前典到的一座房子，命人尽快打扫修缮，以用作新房。陈宝琛之子陈几士（字懋复）为了表妹的婚事，也特意到阳岐拜见严复，商讨有关事宜。不仅严、林、陈家的亲戚忙上忙下，就连福建督军李厚基也闲不住，他特意派水上巡警余商森到阳岐严复祖屋处承担保卫之职。由于新娘家在福州城里杨桥巷，而新郎家则处于福州南台岛乡下，娶亲队伍要步行20多里路。因此，陈、林两家原本还打算在嫁女当天调动兵警护送，其势力可见一斑。不过，严复因担心途中不安全，嘱咐陈几士结婚当天只送来必需之物即可，其他物品先列榜单，以后再凭单领取。过庚、送聘礼、安床等一应礼节之后，便是迎娶的大日子。

1919年1月1日这天，喜气洋洋的严复早早便梳洗完毕，对儿子叮嘱一番后，便留在阳岐玉屏山庄，等待儿子接回林家小姐——他的新儿媳妇。而意气风发的严琥则带着大队人马向杨桥巷出发。据他的女儿严停云回忆：“杨桥巷那儿，父亲陪母亲向挥泪不已的我的外祖母磕了头，大队人马这便笙箫鼓乐、浩浩荡荡地簇拥着花轿，一路地向着阳岐乡迎神赛会般地游行着来。”多少年以后，严琥依然清晰地记得，当时在严氏上下几乎所有族亲的见证下，在父亲的亲自主持之下，22岁的他与林慕兰正式结为连理。

两个年轻人先是住在阳岐村，后来迁入郎官巷今严复故居长住，育有三个儿子、三个女儿。其中比较有名的便是严侨、严倬云和严停云。如果没有那场抗日战争，也许严琥夫妇会在福州老家平平安安地度过一生。但是，命运就是如此捉弄人。抗日战争爆发后，夫妻二人第一次对以后的人生有了分歧。当时严琥任教的福建协和学院拟迁往内地办学。林慕兰希望全家人一起逃到上海，严琥则坚决要进内地。也许是双方意见无法达成一致，也许是出于两方面考虑，严琥最终只带了两个儿子严侨和严杰进了福建的山区邵武，林慕兰则带着三个女儿和一个儿子逃到了上海。

抗战胜利后，林慕兰劝严琥迁居台湾，但严琥坚决要留在大陆。没什么比一家人相守在一起更珍贵的，林慕兰尊重了丈夫的选择。但是，1947年，严琥大舅子林熊征去世，这扭转了夫妻二人的命运。林慕兰匆匆携子女返回台湾奔丧，因局势混乱，暂且留在台湾。没想到这一留，就是一生。就是这匆匆一别，夫妻二人自此相隔两岸，有生之年再未相见。

战火无情，夫妻二人分开的最初一年，彼此音讯全无。时隔不久，严琥的其他子女因种种原因都去了台湾。严琥这一脉只有他自己孤独地留在福州。严琥曾在福州三官堂租下房子，计划接回妻子和孩子，最终因两岸隔绝而抱憾终生。夜深人静时，严琥常常思念着海峡那头的妻子和儿女，想象着他们正在做什么、想什么。

作为中国人，严琥是坚韧不屈的。他默默忍受着生离之苦，但是他并不后悔自己的选择。作为严家子孙，他牢牢地记得父亲临终时的遗训，而将留守大陆视为人生信条。即便是孤零零的一个人，他也愿意跟随这个新中国同呼吸、共命运。他知道如果父亲在世，也一定会支持他的选择。他将对祖国的爱与热情，以及对家人的思念全部寄托在工作上。

作为老师，严琥是幽默风趣的。据他的学生回忆，严琥讲中国文字形义时，循循善诱，精彩绝伦。他讲“工”字时，说上、下两横分别是天与地，中间一竖是支柱，所以“工人是顶天立地的英雄汉”。

作为民主人士，严琥是勤政律己的。新中国成立以后，严琥先后担任福建协和大学校务委员会主任、福州大学校务委员会副主任兼教务长、福州市副市长等职务，同时兼任省、市人大代表和政协委员。他日夜奔波于各个会场，宣讲党中央的方针政策。与他一同当选福州第一届副市长的郑重，曾经深情地回忆了他与严琥交往的点滴。他称严琥为君子，感叹其每天早早上班，从不迟到、早退，为他们那些带着游击习气的同志树立了良好的榜样，令人自愧不如。他记得严琥每次会议都会认真做笔记，并直率地提出自己中肯的主张。可以说，正是良好的严氏家教，塑造了一个严于律己的副市长、一个敢于亮明观点的民主人士。

1962年，严琥病逝，终年65岁。如果说严琥在大陆饱受思念台湾家人之苦，那么他的儿子严侨则过着身在曹营心在汉的日子。

第六节　背井离乡，情牵两岸
——孤胆悲情的严侨

1920年元旦，在严家的殷切期盼下，严家长孙、严琥的长子严侨（谱名以侨，又名觐祖，字彦国）在福州诞生了。当时，严复已经63岁，得知自己升级为祖父的消息，喜不自禁，当即命人张灯结彩，燃放鞭炮。那时他的哮喘病已经很重，本该卧床休养，但是“严家有后”的喜悦促使他一定要大肆庆祝一番。第二天，在北京大阮府胡同宅第中，长袍马褂打扮一番的严复，恭恭敬敬地点燃香烛，虔诚地叩谢祖宗保佑；继而，喜气洋洋地端坐大厅上头，接受家人的道贺。这一番添丁之后的礼仪，足见严家，尤其是严复对这位长孙的重视。

那时，严复终日被病魔缠身，自知时日无多。因此，严侨的诞生一方面让严复心感安慰，另一方面则令他唏嘘不已。他不知道未来的中国将何去何从，也不知道这个严家的新一代将来会走什么样的道路。他特意为长孙作了一首《元旦觐祖生》，将自己对严家后代、对国家和民族的全部期待都寄托在这首诗中：“神州须健者，勿止大吾门。……艰难支要国，词命却强权。震旦方沉陆，何年得解悬？太平如有象，莫忘告重泉。”

“神州须健者，勿止大吾门”说的是历史上的两则典故。“神州须健者”出自董卓与袁绍的对话。董卓手握重兵，飞扬跋扈；袁绍出身名门，血气方刚。这二人其实不满对方已经很久了，但碍于局势和利益，仍彼此忍耐着。听闻董卓欲废皇帝，袁绍极其不满。于是，董卓出言威胁袁绍：“你如此嚣张，是嫌老夫的刀不够快吗？”袁绍听闻此言，也不甘示弱，拿出佩刀，潇洒地摆了几个造型，留下一句“天下健者，岂唯董公”，便扬长而去，继而迅速逃离洛阳。

“勿止大吾门”则出于吕不韦与嬴异人的对话。嬴异人，战国秦孝文王之子、秦始皇的父亲。他原本在赵国做质子（人质），后来在吕不韦的帮助下，成为秦国国君，即秦庄王。两人的这番对话便发生在嬴异人做质子之时。当时，吕不韦觉得此人奇货可居，极有可能登上秦国王位，便决定押一次宝，助他一臂之力，以保自己荣华富贵。他主动找到嬴异人，自荐说：“吾能大子之门。”言外之意，我吕不韦能帮你登上王位。此时，嬴异人对吕不韦并不信任，对他的实力也并不了解，便不动声色，只淡淡说道：“君且自大家门。”吕不韦赶忙说：“吾门待子门而大。”一副商人投机前先算计分利的形象跃然纸上。后世便用“大吾门”形容飞黄腾达。

严复以这两个典故告诫自己的孙子要做强健的新一代的国家栋梁，而不能仅仅满足于个人的成功。他叮嘱严侨：前路艰辛，荆棘密布，但正因如此才更需要披荆斩棘，勇敢前行；国家软弱，备受欺凌，但正因如此才更需要优秀的外交人才。他虽然不知道何年何月中国才能独立、富强，但是他坚信终有一日国人能够安享太平。遥想南宋诗人陆游感叹自己在有生之年看不到收复中原的希望，因而临终时写下了“王师北定中原日，家祭无忘告乃翁”的千古名句。时隔700多年，严复同样以一句“太平如有象，莫忘告重泉”，展现了他的拳拳爱国之心和对自己孙辈的殷切希望。他叮嘱孙儿在太平到来之时，一定不要忘记告诉他这个地下的老头子，如此他也可含笑九泉。

一年以后，严侨才一岁多时，他的爷爷便离开了他。他成长的记忆中，没有严复鲜活的音容笑貌，但是，在成长的过程中，他不止一次听父亲、叔伯们提起这位伟大的祖父。他几乎听说了祖父当年干的每一件大事，也早已将祖父写给他的诗背诵得滚瓜烂熟。

严侨没有辜负祖父的希望，从小便有报国的大志向。在他的心目中，祖父是爱国英雄，身为严家的一分子，自己当然也要为国家尽一份力，以告慰祖父在天之灵。他天资聪颖，勤奋好学，考入福建协和学院（1942年改名为福建协和大学）生物系，渐渐成长为一位爱国的热血青年。与父亲的政治派别不同，1949年福州解放之前，他就秘密加入了中国共产党，成为地下党成员。1949年8月17日，福州解放。不久之后，他便接受了组织派给的秘密任务——“偷渡”台湾卧底。

地下组织选中严侨时，必然考量了他的家世。国民党退守台湾后，两岸局势骤然紧张。当时国民党天天喊着反攻大陆，朝着大陆喊话，欢迎大陆军政人员叛逃到台湾，同时，又严格审查逃亡大陆的军政人员和一般平民。虽然严侨的父亲严琥身在大陆，但是严侨的母亲和两位妹妹均在台湾，况且，严侨母亲林慕兰又出身台湾名门林家。以投奔母亲为由，或许能够顺利通过国民党的盘查。

于是，1950年8月，凭着一腔热血和坚定的信念，严侨带着妻子，驾着一艘仅有一个罗盘的小木船，去了台湾。这就是年轻人的勇气和信仰的力量。后来，严侨还曾得意扬扬地跟他最喜欢的学生李敖谈起当年横渡台湾海峡的情景。一上岸，严侨就被发现了，当即被国民党请去详加调查。他也没有隐姓埋名，直接亮明了自己的身份。如此，国民党更加怀疑严侨前来台湾的目的。

当时严侨的父亲严琥是福建协和大学校务委员会主任委员，在福州当地颇有名望。按照当时的情况，父辈还有可能思想保守一些，儿辈则多选择追随共产党。因此，在特务看来，这个严侨来台湾必定另有所图。严侨则不慌不忙，按照早已想好的说辞，告诉国民党，他是来照顾母亲的。特务一查，果然能对上号，只能暂且相信他。不过要把他放出来，还必须有人担保。当时严侨的两个妹妹严倬云、严停云，分别嫁给了辜振甫和叶明勋。叶明勋毕业于福建协和大学外文系。1945年二战胜利后，32岁的他以“中央通讯社”台湾特派员身份，前往接收台湾共同社，从此为台湾新闻行政与教育做出超过一个甲子的贡献，堪称台湾新闻耆宿。当时，便由他出面为自己的大舅子担保。

不久，严侨到台中一中教数学，度过了一段快乐又短暂的教书育人时光。他博学多才，又带着一丝狂傲，很快便令年轻的李敖由衷地钦佩，成为李敖生命中最难以忘怀的老师。据李敖的回忆，在课堂上，严侨是一位才华横溢、思维独特的良师。从“人的故事”到“家畜山羊”的名字，他都如数家珍，信手拈来。他不讲祖父翻译的《天演论》，而大谈“演化论”，令学生们耳目一新。他喜欢在课堂上与学生聊天，并曾大呼：“我要把你们的思想搅动起来！”他与学生们打赌，如果自己说错了就把名字倒着写，随即便在黑板上倒着写起来。在课堂下，严侨则是放下架子的益友，是那种特别善于与学生打成一片的老师。有一日，一群学生将足球踢到了场外，恰巧路过的严侨一时兴起，当即将球给踢了回去，随后便在学生们的叫好声中，兴奋地加入了踢球的队伍。在年轻的李敖心目中，严侨越来越迷人，二人的交情与日俱增。

白天与学生相处时，严侨是愉快的，但是，每当夜深人静之时，心酸与无奈便朝他袭来。他思念着大陆，思念着远在福州的父亲，他既为自己接受秘密任务而备感光荣，又为不能早日回乡亲自参与建设新中国而着急、无奈。一首《乡愁》何止道出了如严琥父亲与母亲般生离之苦，更点出了多少如严侨般在台湾漂泊的游子苍凉的心境。

其实，国民党从没有相信过严侨。他们判断不出严侨的真实用意，本不愿轻易放过他，但有叶明勋作保，他们只得放人，转向暗中观察，以摸查他的底细。

谨慎敏感的严侨，自然对此心知肚明，在身心煎熬之下，他只得愈加绷紧神经，更加小心谨慎行事。当时，台湾抓共之风盛行，像其他学校一样，台中一中不时有老师因被认定为共产党而被捕入狱。在李敖的记忆中，当时的女老师牟琴和他男友杨肇南老师、教数学的杨肖震老师、教历史的王怀中老师都神秘失踪，多年后才有消息。在那个人人自危的时代，严侨不时感叹命运之多舛、生命之无常；但是，承担的使命使他告诫自己必须继续坚持和忍耐下去。

他逐渐爱上了喝酒，几杯黄汤下肚，可以暂时忘却烦恼。每每喝得兴奋，他便背起辛弃疾的《西江月·遣兴》："醉里且贪欢笑，要愁那得工夫？近来始觉古人书，信著全无是处。昨夜松边醉倒，问松我醉何如？只疑松动要来扶，以手推松曰去！"辛弃疾一生力主恢复国家统一，但始终壮志难酬。严侨无法排解内心苦闷，只好借酒消愁。但是，"抽刀断水水更流，举杯销愁愁更愁"。双重身份带给严侨心理上的压力，一般人是无法想象的，更是无法体会的。他是倔强的，每次背到最后一句话，便会伸开双手，向前推出。他像是一个宁愿品味孤独而不需世人怜悯的独行侠，在自己的世界中奋力前行。

人间的喜怒哀乐不可避免，他深陷其中，也有崩溃痛哭的时候。1953年，同教数学的同事黄钟病重，医生束手无策，这令他深为感伤，唏嘘不已。与此同时，他还发现自己已经被特务盯上了，这令他更为愤怒。身处台湾，心系大陆，严侨无疑是孤独、苦闷和煎熬的。他无人可以倾诉，相反却要不停地压抑自己。

幸好，身边众多可爱的学生，尤其是同样深恶国民党的李敖，给他带去了一丝温暖。对于李敖而言，严侨是良师益友；对于严侨而言，李敖则是值得信任和发展的年轻人。黄钟去世的当天晚上，严侨心里郁闷到了极点。伴着酒劲，他隐晦地告诉李敖，他是"那边来的"。又一天晚上，严侨情之所至，声泪俱下，与李敖大谈理想和现实，并鼓动李敖随他一起回大陆，建设一个伟大的中国。

在李敖的记忆中，严侨是这样说的："我不相信国民党会把中国救活，他们不论怎样改造，也是无可救药，他们的根儿烂了。十多年来，我把自己投入一个新运动，我和一些青年人冒险、吃苦，为了给国家带来一个新远景，所以我做了共产党。我志愿偷渡过来，为我的信仰做那最难做的一部分。可是这两年来，我发现我变了，我的精神好像飞向那自由主义的神像，可是我的身体却永远被一个党锁住，被另外一个党监视，这是我最大的痛苦。虽然这样，我还是想回大陆去，那里虽然不满意，可是总有一点‘新’的气味，有朝气，对国民党我是始终看不起的，它不配我去自首！现在我们的名册里并没有你，可是我想带你回去，带你去共同参加那个新尝试的大运动，这个大运动是成功是失败不敢确定，但它至少牺牲了我们这一代而为了另外一个远景，至少比在死巷里打滚的国民党痛快得多了！”严侨爱国的热忱深深感染了李敖。于是，33岁的严侨与18岁的李敖，这两个血气方刚的年轻人就此约定一起回大陆。

但是，没隔几天，严侨便迎来了人生中第二次转折。一天夜里，几个大汉闯入严家，强行带走了严侨。自此，严侨被囚禁于著名的火烧岛（后来改名为绿岛，是国民党关押政治犯的地方）。

这一切来得如此突然，严侨家顿时失去了顶梁柱和主心骨。此时，严侨已生有一儿两女，严正、严方和严谅，三个孩子均在幼年，大女儿严方才三岁，不足成事。一切重担均落在严侨夫人林倩一人身上。还是高三学生的李敖有心帮忙，常省下早饭钱资助师母。但是，在国民党的苛政下，任何与共产党挂钩的行为都是危险的。得知儿子的“壮举”，李敖的父亲为免儿子被牵连，便明令禁止儿子再帮助严家。在那个人性扭曲的时代，人与人之间的善意与同情都是奢侈的，但正因为如此，才显得弥足珍贵。严侨的儿子严正直到今天还尊称李敖为大哥。

严侨自被捕之后，一直杳无音讯，没有头绪的严夫人唯一能想到的办法便是北上投亲，希望严侨的大妹严倬云和妹夫辜振甫，小妹严停云和妹夫叶明勋，以及板桥林家（林倩乃是台湾板桥林家林熊祥之女）等亲戚施以援手。但是，命运再一次无情地戏弄了她。在那个人人自危的年代，人们害怕与共产党沾上关系。因此，林倩的身份注定了她只能受到无情的“闭门拒见”的待遇。真是哭天天不应，叫地地不灵。可怜啊，专制之下，连血脉亲情的维系都变得小心翼翼起来。但是，林倩是一个坚韧不屈的女人，虽然内心不安，她仍然坚信自己的丈夫还活着。为了丈夫和孩子，她告诉自己一定要忍耐。无奈之下，她将老大、老二送到孤儿院，将老三寄养在别人家，自己则跑去给外国人做女佣，以勉强维持生计。

虽然世态炎凉，但严侨仍然牵动了许多关心他的人。由于严侨入台时，叶明勋曾为大舅子作保，因此，严侨出事后，叶明勋也受了牵连，丢了工作。但是，在此后的日子中，叶明勋、严停云夫妇依然不断寻找机会，为之上下奔走。他的学生李敖，也不断打听着严侨的生死。直至五年以后，严侨才终于重见天日。李敖辗转从胡适那儿得知老师还活着的消息，又从严停云处打听到严侨的地址，当即便决定去看望思念的老师。

师生见面，分外激动。严侨边喊着李敖的名字，边跑过去一把抱住了他。但是，如今这个满脸皱纹、满头白发、满嘴酒气的严侨，与当年那个意气风发、忧国忧民的严侨已决然不同。火烧岛的日子不仅改变了他的容颜，还消磨了他的斗志，成为他一生中最痛苦的回忆。即使李敖问起，他也始终不愿提及当年的生活，只是心有戚戚地嘱咐李敖“千万不要去那里”。

谁知后来，严侨竟然再一次去了火烧岛，更没想到这次居然与学生李敖有关。李敖一贯狂傲，言语犀利，口无遮拦，又与严侨走得很近，早就引起国民党的不满。于是，师生俩先后被抓，接受调查，调查的重点就是二者的关系。33天后，严侨才重归自由。二度坐牢，又二度获得自由，严侨始终觉得他之所以没有被杀，与他是严复之孙有很大关系。不过，这是否就是国民党不杀严侨的真实原因，已经不得而知。这一次入狱，令本已饱经沧桑的严侨愈加郁郁寡欢。他不断寻觅着解脱的方式，最终皈依佛教，直至1974年病故。2003年，严侨被中华人民共和国民政部追认为革命烈士。

可怜的严侨，离乡背井，忍辱负重，尝尽人间冷暖，却始终未能回归故土一展抱负，最终郁郁而终。他崇高的理想和勇于殉道的精神，固然有着鲜活的时代印记，但何尝不是严氏家族爱国的又一真实写照？

第七节　顽劣犹可，暴戾必除
——令一家人头痛的小弟严玷

在严复众多的孩子中间，恐怕没有哪一个像五子严玷（字稚骞）那样令严复头痛过。这个严家老幺出生时（1910年），上面已经有三个哥哥（二哥早夭）、四个姐姐，而严复已经56岁。可能是老来得子的关系，严复对这个顽皮的孩子格外宽容。

像严家其他的孩子一样，严玷自小在家塾跟随金子善读书。但是没过多久，大概是在他8岁（1918年）左右，金子善因病暂时离开了严复家。同时，严复因筹办三子严琥婚事南下阳岐。于是，严玷便有了一段短暂的远离父亲又无师管教的潇洒日子。

对于调皮好动的男孩子而言，父亲和老师都不在家，便意味着他再也不用担心会遭受父亲的责骂，不用在规定的时间去家塾受业，不用每天对着严肃的先生聆听训导，也不用硬着头皮去吟诵那些不知所云的文字。这简直就是天堂一般的生活，于是，这个淘气的孩子简直成了严家的小霸王。

因金先生不在家，远在南方的严复担心儿子放松学业，便写信告诫他要自觉温习功课，或者练练毛笔字。但是，因为太了解儿子的秉性，严复对严玷的自觉性其实并不抱什么希望，因而对他的学业也并无严格的要求，只是一再告诫他一定要听母亲的话，不得胡闹添乱，其语气与今天一些家长对自己顽皮捣蛋的孩子说话时的口气如出一辙。

金子善何时回严复家继续教书，还是一直到1921年去世时都没有回去，因材料所限，尚不清楚。因此，暂无从知晓严玷的这段“逍遥”日子延续的时间。可以肯定的是，金子善去世后，严玷又当了一段时期的“失学儿童”。

终于可以放松了，父亲和几位哥哥不在家，老师又已去世，谁还能管得着他呢？处于休学状态的严玷，除了顽皮捣蛋再想不出能做什么了。这时的严玷已经不能用“淘气”来形容了，简直就是“顽劣”。到街上疯玩一整天，捉弄一下家里的下人，都是稀松平常之事。渐渐地，这位“失学儿童”成为父母兄长眼中的“问题儿童”。

今天看来，严玷的顽劣，应与父亲严复常年不在家有很大关系。虽然严玷一直伴在母亲朱明丽身边，时时受到母亲的教导，但是在传统社会中，与父亲相比，母亲的威慑力实在是微乎其微，以至于在北京的严家上下竟无一人能够镇得住严玷，其顽劣程度可见一斑。一家人实在无法，只能向一家之主——远在南方的严复求助。

接到家里的“求救信”，严复这才认识到事情的严重性。他不无担忧地向长子严璩诉说了严玷的劣迹，恐怕如此放任下去，这个天不怕、地不怕的小子学成下流脾气。与此同时，他给儿子写信，严肃地告诉他顽劣犹可，但是千万不可以残忍暴戾：“儿子，你知道吗?残忍暴戾足以闯祸，残忍尤其不可。什么是残忍？残忍就是将自己的快乐建立在别人的痛苦之上……”不知懵懵懂懂的少年究竟做了什么，使严复如此震怒，竟说出这番狠话来。难道是学着当时的军人喊打喊杀？在军阀混战的年代，这种情形不无可能，当然这也仅是猜测。

恰逢四子严璿从唐山工业专门学校毕业回到北京。虽然仅是17岁的少年，但有了几年异地求学的经历，严璿着实成熟了不少。这个堪称严家最为用功的儿子，委实见不得如此不求上进的弟弟，而当真正见识了小弟顽劣的一面时，这个与严玷相差仅6岁的小哥哥坐不住了。“父亲不在，就以为没人管你了，就可以无法无天了吗？”不顾母亲、妹妹的阻拦，不管小弟的鬼哭狼嚎，严璿结结实实地将严玷揍了一顿，誓要杀一杀他的锐气。

听闻四子管教幺子的事，严复一方面欣慰于严家终于有人可以代为管教这个顽劣的小儿子，一方面又担心四子管教过严，致使兄弟二人反目，有损骨肉亲情，同时，他着实心疼这个最小的儿子。于是，一直忧心的父亲反而当起了和事佬，劝严璿管教小弟时要掌握分寸，理由是：“小孩子幼时顽劣，但长大后便会有所收敛。大概十分之七的小孩子都是如此。因此，不要管得太严，伤了你们兄弟情分，也不用过于忧愁。”听上去，这个心软的父亲似乎有前后矛盾之嫌，但实际上，严复的乐观并非盲目。他虽然没有系统地学习过儿童教育理论，但是作为父亲，他拥有丰富的育儿经验，十分了解儿童身心发展特点。

中国有句俗语：“棍棒底下出孝子。”似乎只要父母足够严厉，儿女们便能够成才。实际上，热爱自由、不喜束缚是儿童的天性。因此，管教儿童是一门艺术，把握分寸也是一种智慧。仅靠高压手段，一味压抑幼儿天性，只可能物极必反；恩威并济，方能收到理想之效。

严复对儿童的态度无疑是宽容的。这位温柔的父亲即便批评儿子，也会用“吾儿岂可学之”之类商量的口吻。但是，严复的宽容是有限度、有原则的。《左传》中有这样的说法：“爱子，教之以义方，弗纳于邪。”严复对待子女也是如此。一味贪玩，没有学习自觉性，可以；暴戾残忍，以他人痛苦为乐，则万万不可。如果用一个字来概括，那便是“德”。这是修身养性之私德，亦为“己轻群重”之公德。

严复没有错判，长大后的严玷成为一个极具家庭荣誉感和使命感的人。严复去世后，《天演论》稿本正本先后由他的母亲和他保管。为了保管好父亲的遗物，严玷不敢大意，无论去英国留学，还是去印尼躲避战乱，都随身携带。严玷后来因病不得不离开印尼，前往英国治病。也许是冥冥中不好的预感，促使他决定将父亲的手稿留在印尼，委托友人保管。不久，严玷在英国病逝。朋友遵守约定，将严复手稿送交中国驻印尼大使馆。严译《天演论》正本这才辗转回国，保存至今。

结　语

佛说：修行是走一条路，一条通往我们内心最深远处的路。有人说，人生是一场无关他人的自我修行。的确，勤学勤思之苦，学贯中西之乐，成长之痛，只有自己能够体味。但是，人生绝不是一场独自的修行，在我们踏入这个人世间时，其实已经被打上了家族的烙印。在修行的道路上，优良的家训和家风便是我们前进的精神动力和坚强后盾，它在我们路遇挫折时，彷徨孤单时，给予我们坚持下去的信念和勇气，帮助我们完成一次次的自我升华。

“传家以孝，为国维忠”，是阳岐严氏家族自严复这一代往下的排行。严氏家族成员不仅以之命名论辈，而且以身践行着祖宗的谆谆教导。只可惜，人生的悲欢离合、阴差阳错从未停止。李敖曾经说过，严氏一门，可谓中国近现代史最好的家传资料。“第一代严复，身逢帝制不绝，志在引进新潮，赍志以没了；第二代严琥，身逢新旧交替，志在富国强兵，家破人亡了；第三代严侨，身逢国共斗争，志在建国大业，自己报废了；第四代严正，身逢国民党在台湾通吃，志在经济挂帅，埋头做白领阶层了。”即便如此，严家人仍然不改其志，只因爱国的文化基因已经渗透于严氏家族历代子孙骨髓血脉之中。

参考文献

一、严复文集、年谱

[1]王栻.严复集[M].北京：中华书局，1986.

[2]王思义.生斯世何必无情：严复家书[M].沈阳：辽宁古籍出版社，1996.

[3]周振甫.严复选集[M].北京：人民文学出版社，2004.

[4]孙应祥，皮后锋.《严复集》补编[M].福州：福建人民出版社，2004.

[5]孙应祥.严复年谱[M].福州：福建人民出版社，2003.

[6]罗耀九.严复年谱新编[M].厦门：鹭江出版社，2004.

二、研究著作

[1]王栻.严复传[M].上海：上海人民出版社，1975.

[2]陈越光，陈小雅.摇篮与墓地[M].成都：四川人民出版社，1985.

[3]苏中立.救国·启蒙·启示：严复和中西文化[M].长春：东北师范大学出版社，1992.

[4]牛仰山.严复[M].天津：新蕾出版社,1993.

[5]崔运武.严复教育思想研究[M].沈阳：辽宁教育出版社，1993.

[6]徐立亭.晚清巨人传：严复[M].哈尔滨：哈尔滨出版社，1996.

[7]林国清，等.严复的故事[M].福州：海峡文艺出版社，1996.

[8]杨正典.严复评传[M].北京：中国社会科学出版社，1997.

[9]冯保善.严复传[M].北京：团结出版社，1998.

[10]郭良玉.严复评传[M].开封：河南大学出版社，2000.

[11]马勇.严复学术思想评传[M].北京：北京图书馆出版社，2001.

[12]皮后锋.严复大传[M].福州：福建人民出版社，2003.

[13]董小燕.严复思想研究[M].杭州：浙江大学出版社，2006.

[14]苏中立，涂光久.严复思想与近代社会[M].北京：中国文史出版社，2006.

[15]郭谦.影响百年中国的文化世家[M].海口：海南出版社，2006.

[16]李新宇.带一门学问回中国：盗火者严复[M].天津：天津人民出版社，2010.

[17]欧阳哲生.严复评传[M].南昌：百花洲文艺出版社，2010.

[18]本杰明·史华兹.寻求富强：严复与西方[M].叶凤美，译.南京：江苏人民出版社，2010.

[19]皮后锋.严复评传[M].南京：南京大学出版社，2011.

[20]杨小辉.近代中国知识阶层的转型[M].上海：上海社会科学院出版社，2011.

[21]张彬.物竞天择　适者生存：资产阶级启蒙思想家严复[M].长春：吉林人民出版社，2011.

[22]黄克武.惟适之安：严复与近代中国的文化转型[M].北京：社会科学文献出版社，2012.

[23]熊光炯.心远:一个教育世家的百年沧桑[M].北京：人民文学出版社，2012.

[24]严孝潜.严复的一生[M].北京：中国文史出版社，2014.

三、论文集、报刊资料等

[1]税西恒，何鲁，唐午园.记京津同盟会二三事[M]//中国人民政治协商会议全国委员会文史资料研究委员会.辛亥革命回忆录：第6集.北京：文史资料出版社，1981.

[2]中国人民政治协商会议福州市郊区委员会文史资料工作委员会.福州市郊区文史资料专辑：严复与家乡[G].1989.

[3]刘桂生，等.严复思想新论[M].北京：清华大学出版社，1999.

[4]习近平.科学与爱国：严复思想新探[M].北京：清华大学出版社，2001.

[5]黄瑞霖.中国近代启蒙思想家：严复诞辰150周年纪念论文集[M].北京：方志出版社，2003.

[6]张广敏.严复与中国近代文化[M].福州：海风出版社，2003.

[7]黄瑞霖.严复思想与中国现代化[M].福州：海峡文艺出版社，2008.

[8]陈章汉，章武，黄文山.作家笔下的福州[M].福州：海风出版社，2008.

[9]郭卫东，牛大勇.中西融通：严复论集[M].北京：宗教文化出版社，2009.

[10]苏中立，涂光久.百年严复：严复研究资料精选[M].福州：福建人民出版社，2011.

[11]徐梓，王雪梅.蒙学辑要[G].太原：山西教育出版社，1992.

[12]张鸣，丁明.中华大家名门家训集成[G].呼和浩特：内蒙古人民出版社，1999.

[13]成晓军.名臣名儒家训[G].重庆：重庆出版社，2008.

[14]龙应台，安德烈.亲爱的安德烈：两代共读的36封家书[M].桂林：广西师范大学出版社，2013.

[15]杨伯峻.论语译注[M].北京：中华书局，2009.

[16]程颢，程颐，撰.潘富恩，导读.二程遗书[M].上海：上海古籍出版社，2000.

[17]王阳明，撰.邓艾民，注.传习录注疏[M].上海：上海古籍出版社，2012.

[18]刘文典.淮南鸿烈集解[M].北京：中华书局，2013.

[19]陆建德.校长之忧：兼听“五四”杂音[J].书城.2009（5）.

[20]史玄之.严复家族走出的侠客[N].福州晚报.2007-6-11.

[21]南都专访辜严倬云：一个女人背后的大时代[N].南方都市报.2013-2-17（A12）.

本书承蒙山东省社会科学规划研究项目（“传统家训家风与中华传统道德体系研究”，项目编号：15DWHJ02）、青岛大学基金项目的大力支持，特此感谢。